TRES ALMAS Y UN DESTINO

Psicografía de

ANTONIO LÚCIO

Por el Espíritu

LUCIANO

Traducción al Español:
J.Thomas Saldias, MSc.
Trujillo, Perú, Enero 2023

Título Original en inglés:
"TRÊS ALMAS E UM DESTINO"
© Antonio Lúcio, 2008

Houston, Texas, USA
E- mail: contact@worldspiritistinstitute.org

2

Del Médium

Antonio Lucio, nació en Espírito Santo do Pinhal el 6 de marzo de 1943. Está casado con Agostinha Fernandes Lúcio, tiene dos hijos y una nieta.

Contador jubilado, reside en Mogi Guaçu — SP.

En su currículum hay varios artículos publicados, composiciones musicales, muchas premiadas, y 12 libros escritos, entre ellos la exitosa novela *"Hogar Esperanza."*

Autor dinámico, por invitación, escribió música y acordes para el libro *"A Canção da Fonte"* de Maria Anita Rosas Batista.

Ha compuesto más de cien canciones, en su mayoría con temas infantiles. Con entusiasmo y buen gusto, ha dedicado su vida a escribir y componer, acercando la Doctrina Espírita a todos.

Del Traductor

Jesus Thomas Saldias, MSc., nació en Trujillo, Perú.

Desde los años 80s conoció la doctrina espírita gracias a su estadía en Brasil donde tuvo oportunidad de interactuar a través de médiums con el Dr. Napoleón Rodriguez Laureano, quien se convirtió en su mentor y guía espiritual.

Posteriormente se mudó al Estado de Texas, en los Estados Unidos y se graduó en la carrera de Zootecnia en la Universidad de Texas A&M. Obtuvo también su Maestría en Ciencias de Fauna Silvestre siguiendo sus estudios de Doctorado en la misma universidad.

Terminada su carrera académica, estableció la empresa *Global Specialized Consultants LLC* a través de la cual promovió el Uso Sostenible de Recursos Naturales a través de Latino América y luego fue partícipe de la formación del **World Spiritist Institute**, registrado en el Estado de Texas como una ONG sin fines de lucro con la finalidad de promover la divulgación de la doctrina espírita.

Actualmente se encuentra trabajando desde Perú en la traducción de libros de varios médiums y espíritus del portugués al español, habiendo traducido más de 160 títulos, así como conduciendo el programa "La Hora de los Espíritus."

Índice

Agradecimientos

Agradecemos sinceramente a los Mensajeros Celestiales el amor y la ayuda que, en nombre de Dios, nos han brindado en la composición de las obras que psicografiamos.

Aunque nuestra participación en estos trabajos es mínima, somos conscientes que cualquier esfuerzo en el camino del bien es algo que siempre hay que tener en cuenta. Así, nos esforzamos en el tiempo que Dios nos da además de su misericordia, para donar nuestro pequeño aporte a las almas hermanas que, viviendo en un mundo tan convulso como el nuestro, pueden usar sus lentes espirituales y visualizar lo que es esencial para la espíritu inmortal.

A los queridos compañeros de lo invisible, y en particular al querido Luciano, les agradecemos de todo corazón y alma. ¡Sean alabados todos aquellos que cumplen fielmente los designios de Dios, Padre Creador!

Antonio Lucio

Introducción
Una breve reseña

París, la bella capital francesa, y otras ciudades más pequeñas vivían bajo el dominio y la influencia de personas religiosas poco acostumbradas al *"Amaos los unos a los otros"* del Maestro Jesús.

Para disimular el ambiente tenso que envolvía a todo el pueblo francés, se intentaron artificios para encubrir la actual y complicada situación del país. Uno de estos dispositivos fue el famoso matrimonio entre Enrique, rey de Navarra y Margarita Valois. Él, jefe de la dinastía hugonote, y ella, princesa de Francia, hermana del rey Carlos IX, hija del difunto rey Enrique II y Catalina de Medici.

Tal matrimonio iba a tener lugar en la Catedral de Notre Dame l'Auxerrois, sin embargo, el novio protestante no quiso entrar a la catedral, ni asistir a misa. Por lo tanto, se construyó una plataforma frente a uno de los portales de la catedral bajo el río Sena y allí se llevó a cabo la boda.

La novia, insatisfecha, no dijo un sí claro y audible. Simplemente tartamudeó y asintió, porque la ceremonia se estaba llevando a cabo con mandatos que estaban más allá de su agrado.

La disensión que existía entre la Iglesia y los calvinistas se prolongaba desde hacía mucho tiempo y estuvo marcada por asesinatos, violaciones, vandalismo y una serie de escenas dantescas. Uno estaba constantemente bajo la amenaza del miedo y el pavor.

Ocultas y perversas influencias difundidas entre los nobles acaudalados, harían estallar la sangrienta noche del 24 de agosto de

1572, que pasó a la posteridad como la Noche de San Bartolomé. La masacre fue cruel e inhumana. En buena conciencia, la idea que, en nombre de Dios, en una sola noche, 3 000 calvinistas, también conocidos como hugonotes, puedan ser exterminados es inadmisible. Y el exterminio fue mucho más allá. Duró años hasta llegar al número absurdo de 70 000 a 100 000 muertes.

✱ ✱ ✱

Amigo lector, fue en este clima pesado y hostil que renacieron los personajes de nuestra historia.

Una historia mixta de los sentimientos que más entrelazan a las criaturas en la experiencia terrenal: el amor y el odio.

Aclaramos que los nombres presentados son ficticios. Nos quedamos solo con los que forman parte de la historia de Francia, ya que el propósito de esta obra es demostrar que solo el amor enseñado y vivido por Jesús podrá apagar el fuego peligroso de las pasiones desenfrenadas, haciendo que el tiempo propicie el equilibrio y la paz..

Nuestro trabajo no pretende presentar una historia milagrosa, sino más bien demostrar que el amor y la bondad de Dios siempre favorecen las condiciones para que el pecador alcance la remisión de sus deudas. Por eso, les informamos que los personajes de *Tres almas y un Destino*, en los siglos venideros, lograron salir del camino fangoso de errores milenarios para caminar juntos por los senderos del amor.

Bajo la égida de Cristo, TRES ALMAS, anhelantes de paz Y UN DESTINO FELIZ, se elevaron a los brazos amorosos de Dios.

Esperamos sinceramente que esta humilde obra nuestra pueda contribuir de alguna manera a vuestro crecimiento espiritual y al de quienes caminan por vuestros pasos.

¡Abrazos fraternos!

Antonio Lúcio

Mogi Guaçu — SP, febrero/2008

PRIMERA PARTE

CAPÍTULO 1
El rompimiento

Mediados del siglo XVI, París, Francia. Esa mañana, la hermosa capital francesa tenía sus techos, calles y plazas cubiertos de nieve y, para complicar aun más las cosas, el país estaba en un verdadero desorden y en una desastrosa maraña política y religiosa.

El crudo invierno castigó, maceró rudamente a la plebe afligida que quisiera tener, además de un vientre recompuesto, abrigos suficientes para calentar los cuerpecitos escuálidos de tantos seres dolientes que Dios les había enviado como hijitos del corazón.

Carlos IX, coronado en 1561, hizo que el caos político dominara el país, ya que Charles–Maximilien era solo un niño. De ahí que la sufriente sociedad, ya tan castigada, tuvo que soportar tiempos difíciles y dolorosos bajo el mando de Catalina de Medici, la infame madre de Carlos, es decir Carlos IX.

Por otro lado, el catolicismo, religión predominante, fue fuertemente sacudido por el calvinismo desde sus inicios en 1534, y esto trastocó la vida de los franceses. En ese momento, el fuerte apoyo de Francia no era el rey, sino la Iglesia, ya que ella, representada por el Papa Pío IV, sufrió la infiltración y también la influencia perniciosa de la nobleza católica.

Fue en este clima turbulento que Suzane Lainard, Jean Pierre Bittencourt y Robert Reinaux renacieron en París. Los dos primeros nacieron en hogares pobres y Robert Reinaux en un hogar rico. Estos niños asistían a la misma escuela, e incluso en sus primeros años, la graciosa Suzane Lainard ejercía una fascinación indescriptible en los dos niños. En términos comparativos, los dos parecían colibríes compitiendo por la misma flor. Los atraía con su dulce perfume y los encantaba con sus hermosas sonrisas. Los dos infantes fueron seducidos de buena gana y, entre el envío de notas, Reinaux tenía la ventaja, ya que podía enviar notas coloridas y perfumadas, mientras que Jean Pierre tuvo que contentarse con enviar hojas de su propio cuaderno escolar.

Unos años más tarde, la familia Reinaux, influenciada por un pariente que ocupaba un cargo importante en la Iglesia, hizo que el trío se separara. Robert Reinaux, muy disgustado, fue enviado a estudiar teología a Portugal. Suzane y Jean Pierre, después de terminar sus primeros estudios, y por necesidad, se pusieron a trabajar, ya que era necesario ayudar a sus padres a criar a sus hermanos menores.

El trabajo, como sabemos, funciona como un poderoso filtro que frena la excesiva expansividad de las pasiones desenfrenadas, por no decir que frena las exageradas afectividades que conducen a los incautos al frenesí de la libido descontrolada.

Jean Pierre trabajaba toda la semana e intentaba encontrarse con Suzane los fines de semana, pero nunca lo conseguía debido a las olas de violencia que tanto terror sembraban en la ciudad. En ese momento, la gente de sentido común solo salía de casa para atender lo estrictamente necesario.

El corazón de Suzane, sin embargo, sin darse cuenta, ya había hecho su elección: Robert Reinaux. Ante este callejón sin salida, el sueño de Jean Pierre estaba condenado a desvanecerse rápidamente o convertirse en una pesadilla.

A su vez, Robert, lejos de su familia y lejos de su amada Suzane, sufrió como nadie.

Entre una clase y otra, el desafortunado estudiante trataba de fijar en su mente la imagen de la chica de piel satinada, con el pelo lacio y suelto sobre los hombros. Por la noche, su tormento se intensificaba por la soledad y quietud de la habitación. Cuantas noches, envuelto en su ensoñación exacerbada, se debatió entre sueños y pesadillas, sin lograr un sueño apacible y reparador. Fue solo al amanecer que logró tomar una pequeña siesta, vencido por el cansancio.

* * *

Ya se ha dicho y probado que el pensamiento ejerce una enorme influencia en la experiencia de los seres humanos. Según el grado de evolución en que se encuentre el ser, sus pensamientos pueden irradiar luz u oscuridad, alegría o tristeza, serenidad o agitación.

A menudo, la apreciación que se hace de los acontecimientos que se desarrollan a nuestro alrededor y que somos capaces de comprender, no miden con precisión los mecanismos de todo lo que nos involucra.

El hombre admite la existencia de una infinidad de mundos en la inmensidad cósmica; sin embargo, el mundo espiritual, dulce morada de los verdaderamente vivos, por no ser detectado por los instrumentos convencionales del presente, aun no es aceptado.

El avance de la ciencia, la tecnología, verificado en el mundo en los últimos cien años, nadie lo discute, y en medio de este avance está la telefonía. Es posible hablar en unos segundos con alguien que vive al otro lado del mundo. A pesar de esta instalación, las personas siguen chocando entre sí dentro de su propia casa y no se hablan. Desconocen la Ley del amor, enseñada por Jesús, viviendo como extraños. Si unidos por lazos de sangre viven en un ambiente de indiferencia, es porque desconocen las dulces sensaciones del amor, albergando en sí mismos malos pensamientos.

Veamos: en el campo la semilla se estanca bajo la presión del suelo, pero a su debido tiempo superará el estado de muerte y reaparecerá renovada, dando lugar a la continuidad de la vida en el planeta. La criatura para ser feliz tiene que, como la semilla, salir del estado de apatía, de este estado de muerte electiva para vivir la verdadera vida. Se vive con amor.

El ser humano necesita urgentemente cambiar sus actitudes, sus pensamientos. Los pensamientos de bondad crean el clima favorable para que el bien se establezca en la Tierra. Solo con pensamientos iluminados por la Luz del Evangelio crearemos el clima de Amor y Paz que tanto necesitamos.

* * *

El estado de Reinaux se volvió desesperante, pues además de su enfermiza fijación por la dulce figura de Suzane, sentía la falta de convivencia doméstica. En sus días libres no estaba de humor para nada. En lugar de ir a casa a ver a sus parientes, envueltos en una revuelta, se retiraba a su habitación y daba rienda suelta a los pensamientos más absurdos. Aislado de todo y de todos, se había convertido en un exiliado por su propia voluntad.

Pensó en abandonar sus estudios, pero temía molestar a sus padres, ya que el sueño de sus padres era verlo algún día con sotana. Pero pensó: "¿cómo podré llegar a ser sacerdote si llevo dentro de mi pecho un corazón que arde más que la lava volcánica?

¿Seré capaz alguna vez de controlar esta pasión desenfrenada y abrumadora?"

Después de muchas reticencias, decidió buscar la ayuda del padre Henry, exponiendo todo el drama que estaba viviendo.

El padre Henry era un hombre de baja estatura, algo calvo, de ojos penetrantes, pero bien hablado. Al ver el rostro abatido del pobre joven, preguntó con tristeza:

¿Qué está pasando, mi niño? Te he visto durante días deprimido, abatido y lleno de una profunda melancolía.

– Disculpe, padre Henry, por venir hasta aquí para tomarle su tiempo. Estoy convencido que conozco la cura para mi enfermedad; sin embargo, haga lo que haga con mi corazón, sé que me arrepentiré en el futuro.

– Sé más claro, hijo mío. Solo así podré ayudarte con más precisión.

– Padre, conocí en la escuela en Francia a una niña a la que entregué mi corazón. Mi sueño desde mis primeros años de escuela era casarme con ella y tener una familia, pero el cruel destino nos separó. Hoy, distanciado de ella y de los míos, me siento cautivo, sin perspectivas de libertad, porque no quiero ir en contra de la voluntad de mis padres.

– Tranquilo, Robert. En tiempos de grandes decisiones, es recomendable un poco más de calma. En la encrucijada de la vida, el hombre no puede ceder a la desesperación, ni precipitarse en las decisiones, de lo contrario puede arrepentirse amargamente en su futuro.

– Es exactamente lo que me está pasando, padre Henry. Estoy en una encrucijada y no sé qué camino tomar.

– Se ve por tus palabras, hijo mío, que haces teología sin que te guste. ¡También que te convertirás en sacerdote en contra de su voluntad!

– En resumen, padre Henry, este es mi drama. Simplemente no abandono la escuela, porque les voy a causar un gran dolor a mis padres y no quiero eso.

– Hijo mío, ¿qué intento has hecho ya para sortear la difícil situación en la que te encuentras? ¿Trataste al menos de hacer uso de la oración para fortalecerte ante la angustia en que vives?

– Padre, sinceramente, no puedo orar.

✳ ✳ ✳

Ante cualquier tipo de problema que nos afecta y nos trae angustia, la oración es el bálsamo que consuela y la luz que aclara nuestra mente.

Con ella sacamos la fuerza necesaria para no sucumbir ante las adversidades de la vida.

La oración nos conecta a través del pensamiento con las regiones superiores de la espiritualidad donde podemos obtener ayuda para resolver nuestros problemas. Pero no te equivoques:

La oración que nace de un buen corazón llega al cielo, aunque sea en una pequeña porción, pero la oración sin sentimiento, ni siquiera con gritos, se escucha.

CAPÍTULO 2

El cruce

Mientras el futuro sacerdote se debatía entre la incertidumbre y su sueño imposible, Jean Pierre, como vendedor en una tienda del centro de París, tuvo momentos de preocupación y angustia durante sus días, pues lo que ganaba no alcanzaría para casarse y mantener a una familia.

Cada vez que resurgían escenas del pasado que se cernían sobre su mente, la figura de la bella Suzane se anteponía a las demás. Ella siempre era la primera en aparecer y, al comparar lo que él aspiraba con lo que estaba viviendo en ese momento, se entregaba a la desesperación. Sabía que si encontraba a la niña y se establecía con ella, el dinero que recibía mensualmente sería insuficiente para darle una vida digna a su futura consorte, y por eso estaba amargado.

Lo que logró averiguar sobre la vida de Suzane fue muy poco. Supo que ella trabajaba en la oficina de un tal Julián de Chardin, una persona muy conocida, pero de dudosa reputación, ya que su nombre siempre estuvo involucrado en tratos y faltas.

Después que salieron de la escuela, no pudo hablar más con ella y ese fue el tormento más grande para su apasionado corazón. La única vez que la vio, de un vistazo, fue en medio de una gran multitud.

Fue tras ella, pero la perdió de vista. Jean Pierre tenía una actitud positiva ante la vida, ya que nunca había sido de los que se dejaban llevar por el desánimo, y no sería ahora que estaba enamorado que esto pasaría. "La esperanza es lo último en morir", filosofaba, y la mía no morirá.

Suzane era una persona sencilla, pacífica, amable y educada. Prefiere derramar sus lágrimas en secreto que tomar represalias por un insulto o una falta de respeto a alguien.

Esto la convirtió en una chica muy querida en su lugar de trabajo, aunque su pasividad a veces le costó algunos intentos de acoso por parte de Julian, su empleador.

* * *

Unos años más tarde, la presión ejercida por la Iglesia sobre los seguidores religiosos de Juan Calvino provocó un aumento incontrolable de las atrocidades en toda Francia.

Depredaciones, escenas de salvajismo, agresiones, irrespetos y muertes en la oscuridad de la noche se habían convertido en hechos comunes en todo el país. Nadie podía considerarse a salvo, ya que de los crueles ataques realizados en cualquier momento, siempre resultaban afectadas personas inocentes.

El ambiente religioso se había vuelto más hostil que los gélidos amaneceres parisinos.

No había manera de reconciliar la situación, ni de apaciguar los ánimos. Los católicos, apoyados por Catalina de Medici, lucharon por la extinción de los protestantes, o hugonotes, como se les llamaba.

Así, la Iglesia, detentadora del poder, cerró los ojos ante los excesos ocurridos e hizo oídos sordos a los gritos de los que sufrieron atrocidades.

Las enseñanzas evangélicas dadas a los sacerdotes recién formados fueron olvidadas por aquellos que fueron representados como enviados de Dios. Recibieron las enseñanzas o enseñaron, pero no las cumplieron. Antes de eso, los dominó con un sectarismo malvado e intolerante.

✳ ✳ ✳

Es más gozoso contar las estrellas en el cielo que las piedras en el camino, Gonçalves Ribeiro.

Es más gratificante poetizar o escribir frases agradables que registrar sucesos desastrosos que hicieron de la vida de tantas criaturas un infierno.

Sin duda alguna, es sumamente importante analizar los errores cometidos en los caminos ya recorridos, pero es más importante no cometerlos en el presente. El angustioso problema que ha marcado la vida de tantas personas en la Tierra es siempre el mismo.

La ausencia de amor puertas adentro en los corazones. El amor para muchos es sinónimo de pasión, cuando no, motivo de placer. El amor que Cristo nos presentó es muy diferente, si no, a ver: *Nadie tiene mayor amor que este: dar la vida por los amigos*. Jesús (Juan 15:13).

Por naturaleza, los seres humanos son religiosos. Sin embargo, tenemos que estar de acuerdo en que la religión que no hace mejor al hombre no cumple su propósito. Es por eso que las criaturas que solo tenían una religión por tener, sin iluminación, simplemente estancaron su tiempo o se metieron en problemas.

Sin timón, naufragaron en los embravecidos mares de la vida.

Hablando en términos generales, a su manera, la mayoría de las criaturas han tenido tal o cual etiqueta religiosa. Sabemos; sin embargo, que el elemento de curación es la medicina en el frasco y no lo que dice la etiqueta. Con eso, concluimos que la verdadera religión, el amor, no siempre estuvo presente en los caminos del hombre.

¿Cuándo estará la religión de Cristo, el AMOR, dentro de cada corazón?

✳ ✳ ✳

En esa tarde soleada, el padre William Hobert recibió al nuevo sacerdote y pudo ver que Robert Reinaux estaba dividido: su cuerpo físico permanecía erguido en el suelo de la Catedral de Saint Germain; sin embargo, no sucedía lo mismo con su mente, con su alma..

Robert entró en el portal de aquella casa consagrada a Dios y empezó a recordar su infancia, cuando, en compañía de sus padres, había estado allí varias veces.

Pero ahora era diferente. Sus pensamientos eran contradictorios y más como el torbellino de eventos desagradables que asolaron la vieja Francia.

El padre William, siempre amable, simplemente lo acomodó convenientemente, deseando lo que se desea para un hijo: que tenga una vida tranquila en esa casa. Después de desearle una feliz estancia y pedirle que se sintiera cómodo, que acudiera a él en caso de necesitar algo, le aconsejó que descansara.

Al día siguiente, temprano en la mañana, William Hobert llamó suavemente a la puerta de las habitaciones de Robert, y después de saludarlo, lo invitó a bajar con él para asistir a la primera misa del día. Cuando se le preguntó si había dormido bien, Robert respondió:

– Mi cuerpo sí. Se quedó dormido como si estuviera anestesiado, pero mi ser inteligente vagaba, como un alma perdida, de pesadilla en pesadilla.

– Discúlpame, Robert, me siento tan angustiado. Me parece que no llevas un corazón en el pecho, sino un preso martirizado – observó el padre William.

– Sí, traigo en el lugar de mi corazón una brasa, la que arde de noche y de día. Pero cambiemos de tema. Recuerdo que de chico estuve aquí un par de veces con mis padres, pero ha pasado tanto tiempo... ¡Ah! ¡Qué buenos tiempos aquellos! ¡Sin pesadillas, sin desacuerdos, y mucho menos conflictos!

– Puedo imaginarlo, argumentó William. Cuando eres niño, sueles soñar con tus compañeros de juegos, con paseos y diversión de fin de semana. Después de eso vienen los estudios y luego nos invitan a hacer compromisos.

Mientras William hablaba de los buenos tiempos en la escuela, no podía ver que algunas lágrimas caían de los ojos del nuevo sacerdote. Reinaux, para disimularlo, se pasó un pañuelo por los ojos y se puso a echarle la culpa al frío que estaba haciendo. Y que en ese momento, la imagen de Suzane apareciendo en su mente, le devolvió toda su amargura. La hermosa imagen que salía a la superficie de su archivo de recuerdos ya parecía tan desvanecida, pero lo suficientemente viva como para atravesar su corazón como una daga afilada.

Cuando entró en la nave de la iglesia, Robert pudo ver que la catedral estaba llena de fieles.

Había algunos lugares cerca de los pobres, de los menos afortunados, pero también había gente de pie, demostrando que la soberbia, uno de los siete pecados capitales, según la Iglesia, ya se practicaba en aquella época. Y lo que es peor, dentro de la propia casa de Dios.

Después de la presentación de dos cantos gregorianos, comenzó la misa propiamente dicha. A lo largo de su recorrido, el padre Robert Reinaux se mostró absorto, tenso y meditativo.

Prácticamente no escuchó ni la mitad de lo que se dijo en Misa. Sus pensamientos eran como una hoja expuesta a un torbellino: desconectados, vacilantes, iban de un lado a otro con el viento, sin fijarse en el sermón que el padre William hizo.

Para el nuevo sacerdote, lo que estaba pasando en su vida era una tontería. No entendía por qué estaba allí, porque no tenía vocación para eso. Era cierto que debía obediencia a sus padres, pero no hasta el punto de tener que anularse a sí mismo.

Su mayor deseo sería casarse, tener una familia, vivir como un hombre normal.

Cuando pensó en Suzane en ese momento, su insatisfacción llegó al límite de la locura y estuvo muy cerca de la aversión a la religión que profesaba.

Sus pensamientos formulaban preguntas angustiosas, pero la falta de respuestas hacía que sus disgustos fueran aun mayores.

"Dios mío, ¿qué debo hacer? Siendo sacerdote, el matrimonio está fuera de discusión para mí. Es un deseo inalcanzable. Si tan solo supiera dónde encontrarla, tal vez...

No, no. ¡Creo que estoy perdiendo la cabeza! Tengo que tener cuidado, de lo contrario me volveré loco."

Es con este estado de ánimo que dejaremos a Robert Reinaux, para continuar en el próximo capítulo, relatando los tristes incidentes que entristecieron al pueblo francés en ese siglo de opresión y barbarie.

CAPÍTULO 3
El nuevo sacerdote

La ciudad de París, bella, encantadora, con sus plazas arboladas y ajardinadas, con el peculiar acento de su gente, tan agradable de escuchar, atravesaba momentos convulsos llenos de violencia.

Si las escenas bárbaras provocadas por cuestiones religiosas no fueran suficientes, surgieron otras, generadas por terroristas y ladrones que aprovecharon la debilidad de quienes se acobardaron ante el miedo y cometieron más atrocidades.

La noticia fue alarmante y, difundida de boca en boca, que lamentablemente tergiversa todo, sembró el miedo y aterrorizó aun más. Eran mujeres jóvenes y mujeres encontradas muertas en condiciones deplorables, evidenciando violación y salvajismo. Ancianos tirados en las aceras con sangre por todo el cuerpo para demostrar que los mataron a golpes.

El vocabulario más rico de un súper diccionario no tendría las palabras adecuadas para definir el horror de aquellos días.

Suzane Lainard, como el resto de compañeros del despacho de Julian de Chardin, vivía en un ambiente de inseguridad y miedo que, de hecho, era el mal de todos los franceses. Acostumbrada siempre a quedarse en casa, ya que tenía una experiencia tranquila con los miembros de la familia, evitaba salir por la noche, aunque estuviera acompañada del padre o de los hermanos. Salió de servicio por la noche y se dirigió a casa como alguien a punto de ser atacada en cualquier momento.

✳ ✳ ✳

A principios del año 1570, encontramos a Robert Reinaux celebrando una misa en la catedral de Saint Germain. Estaba cambiado: muy delgado, con el pelo blanquecino, los ojos cerrados en el fondo de la órbita. Las noches de insomnio, la dieta reducida por falta de apetito, las ideas contradictorias que asolaban su alma eran razones suficientes para darle la apariencia de una persona mucho mayor.

Las admoniciones y consejos del padre Henry que llamándolo a la realidad no fueron suficientes para hacerlo reaccionar. Como el masoquista que se deleita en el sufrimiento continuo, Robert parecía adorar esta pesadilla constante.

✳ ✳ ✳

En cualquier momento y en cualquier lugar, la realidad es ésta: cuando la criatura elige espontáneamente el ostracismo para vivir en él, pierde contacto con la dinámica de la vida y entonces sufre las consecuencias. En el siglo V a.C., los atenienses la buscaron a su manera, o se dedicaron a ser condenados al ostracismo y exiliados. Desacreditados, se aislaron de la vida social para preservar sus bienes, que se habían vuelto poco confiables.

Hoy, quienes actúan de la misma manera, se privan del mayor bien que conocemos, el derecho a vivir, porque nadie en su sano juicio puede decir que el ostracismo es una práctica sana.

✳ ✳ ✳

Reinaux apenas pudo poner una secuencia lógica a su homilía. Las palabras huían de su boca, escasas en sus pensamientos. Después de un arduo esfuerzo y con la frente sudorosa, logró terminar lo que debería haber sido algo rutinario para él.

Luego se arrodilló ante el altar, se santiguó y salió corriendo de la catedral.

Sus pensamientos iban a mil por hora y no podía, a pesar de estar en la casa de Dios, retener un poco de paz en ningún rincón de su amargado corazón.

Los recuerdos del estudiante, las imágenes que su mente había fijado durante tanto tiempo, surgieron en sus archivos mentales, atormentándolo mucho. Entre tantas imágenes, dos se destacaban: la de Suzane, la hermosa y fragante flor de sus sueños, y la de Jean Pierre, el odioso y espinoso cactus, incitando sus celos enfermizos.

✳ ✳ ✳

Ese año 1570 pasó rápido para Suzane y Jean Pierre, a pesar de la agitación y el miedo que rodeaban sus pasos. Ella, más hermosa que nunca, siguió trabajando en la oficina del infame Julián de Chardin, y Jean también, sin nuevas perspectivas, siguió como simple vendedor en la mercería y telas.

Se acercaban las fiestas de fin de año y París, también conocida como la ciudad de la luz, se iluminaba aun más. En el seno de las buenas familias, que se alejaban de las disputas políticas y religiosas, estaban los que buscaban elevar a las regiones celestiales pensamientos fervientes como si fueran gritos, rogando al Padre por la paz y la felicidad de todas las criaturas. La familia Lainard, basada en una experiencia cristiana, fue una de las que aborreció ese estado de cosas.

Si no estuviéramos plenamente convencidos que casi todo, según las Leyes del Creador, obra para el bien de las criaturas, podríamos decir que la casualidad forjó el encuentro entre el padre Robert y Suzane en la víspera de la Navidad del Señor, para que, tal vez, este clima de paz diera lugar a un encuentro amistoso entre ambos. Sin embargo, Robert, con sus pensamientos salvajes, no estaba para encuentros fraternales. Como en la vida nada pasa por casualidad, la partida de Suzane en compañía de sus queridos padres a la catedral, sucedió con naturalidad y casi no tuvieron ningún beneficio de esa misa.

****

Nada ocurre por casualidad; vivimos bajo los efectos de nuestros propios logros. Es común escuchar en nuestra vida diaria: "me pasó por casualidad..."

En realidad, muchos hechos accidentales que escapan al tamiz de la razón y que, por no entenderlos, los clasificamos como azar o coincidencia, no son más que los efectos de fuerzas desconocidas que nos atraen para ajustarnos a nuestro proceso evolutivo.

Esto sucede cuando alguien, sin darse cuenta, es llevado a un lugar determinado, y allí tendrá la oportunidad de conocer algo o alguien que le hará replantearse y cambiar sustancialmente todo su viaje.

El principio anterior también es válido para los eventos desagradables que nos hacen infelices. Pero en este caso, los clasificamos como buena o mala suerte.

En nuestra etapa evolutiva actual, aun no entendemos las Leyes de Dios; todo obra en conjunto para nuestro bien... Incluso lo malo que no nos gusta.

Sin embargo, sabemos que hay cosas agradables que, por accidente, transformamos en inconvenientes en nuestro andar, y que otras que consideramos malas en el momento, redundarán en beneficios futuros.

Nadie puede considerarse inocente ante los hechos desastrosos que ha cometido en su vida. El azar no existe, y si existiera, sería de una neutralidad envidiable.

No afectaría la vida de nadie.

Tan pronto como la familia Lainard entró, sentada justo frente al altar, Robert, al reconocer a Suzane, se sobresaltó. Allí, frente a él, estaba la mujer que amaba con todas las fuerzas de su corazón, la diosa que poblaba sus más bellos sueños.

Suzane se sorprendió, perturbó, al ver a ese hombre que la miraba con insistencia, pareciendo querer revelar hasta sus pensamientos más íntimos con su mirada penetrante.

El padre Robert; sin embargo, la había reconocido inmediatamente, tan pronto como la vio entre tantos fieles.

Con los ojos brillantes de alegría, ya no le obedecieron. Parecía estar bajo la acción de un poderoso imán que se sometía a un control previamente establecido, cuyo foco era el bello rostro de Suzane Lainard.

Maurice y Josephine, los padres de la niña, estaban incómodos y no sabían lo que estaba pasando, pues durante el transcurso de la misa, Suzane se mantuvo en silencio y con la cabeza gacha. Parecía querer esquivar las repetidas miradas que le lanzaba Robert Reinaux.

Finalmente, la Misa llegó a su fin y luego comenzó a sonar un armonioso canto gregoriano. Más rápido que nunca, el padre Robert salió de la catedral y se dirigió a una habitación contigua, donde se cambió de ropa rápidamente y salió al patio, ya que tenía que seguir a Suzane y su familia.

Esperó a que la familia Lainard se fuera y los siguió con cuidado. No podía dudar, de lo contrario su morbosa curiosidad no quedaría satisfecha. "Averiguaré dónde vive Suzane, luego decidiré qué hacer." Esos eran los pensamientos que invadían su mente. Cuando llegó a su casa, Suzane entró a su cuarto, cerró la puerta y cuando la llamaron para almorzar, dijo que no tenía hambre, que la dejaran dormir, porque tenía dolor de cabeza.

Josephine encontró extraño el comportamiento de su hija, porque accedió voluntariamente a acompañarlos a la catedral. Al recordar las miradas insistentes dirigidas a su hija, se puso a pensar: "¿Suzane se encierra en su habitación tiene algo que ver con las miradas de ese sacerdote extraño? No puede ser... si esa fuera la razón, ella lo hubiera contado."

Después del almuerzo, Maurice buscó a su esposa y le preguntó:

– Cariño, ¿tienes alguna idea de lo que está pasando con nuestra hija?

– No, amor. La he llamado dos veces después de comer y nada. Solo después que ella decida salir de la habitación, descubriremos por qué lo hizo.

CAPÍTULO 4
El encuentro con Jean

Suzane apareció en la sala de estar mucho después del almuerzo y su rostro mostraba claramente que había llorado mucho. La idea de ver al elegido de su corazón dentro de una sotana hizo que su amor falleciera. Durante el encierro que se impuso durante unas horas, encerrándose en su habitación, derramó todas las lágrimas posibles.

Después de vaciarlas todas, se puso a reflexionar, y en creciente inconformismo, monologó a solas en la penumbra de la sala:

– "Dios mío, ¿por qué acepté la invitación de mi madre para asistir a esa bendita misa? Si me hubiera negado, todo sería como antes.

No habría cumplido mi deseo de volver a ver a Robert, pero la esperanza que había albergado durante años de vivir una hermosa historia de amor con él no se habría deshecho."

Hizo y rehizo suposiciones irrazonables en el silencio de su habitación, pero finalmente pensó que era lo mejor, porque se sentiría decepcionada de una vez por todas.

Al verla recostada en un sillón de la sala, Josefina se acercó y con cuidado le preguntó:

– Hija, ¿te sientes mejor? ¿Quieres que mamá te haga algo de comer? Y necesitas comer. Solo estás con ese vaso de leche en el estómago. Y eso fue por la mañana, pequeña.

– No, mamá, no quiero nada. Tal vez en la cena estaré mejor, entonces comeré bien.

Josephine; sin embargo, no estaba convencida del malestar que Suzane decía sentir. Con esa manita que solo tienen las madres amorosas, seguía diciendo esto, preguntando aquello, y de pronto Suzane se echó a llorar. Era el momento ideal y ansiado para despejar ese hermoso rostro y liberar ese corazón doliente de la tormenta torrencial.

– Hijita, estás llorando otra vez – Y abrazándola cariñosamente, prosiguió:

– Dile a mami, dile a mi amor. ¿Qué está pasando? Quién sabe, mamá puede ayudarte.

– Sí, mamá, pero no aquí. Vamos a mi habitación.

Josefina, con el corazón hecho trizas, luchando por no llorar y aumentar así la desesperación de su hija, la acompañaba. Sentadas en la cama una al lado de la otra, Suzane se armó de valor y comenzó:

– Mamá, no mentí cuando dije que tenía dolor de cabeza. Solo oculté la razón que causaba el dolor y todo el malestar que sentía. Llegué a casa devastada.

Todo el coraje y la fuerza que pensé que existían dentro de mí se han drenado de mi ser. Estaba totalmente indefensa.

– Por favor, Suzane, no aumentes mi angustia. Estoy sufriendo tanto como tú.

– Está bien, mamá. Tú y papá deben haber notado que ese sacerdote miraba mucho en nuestra dirección. Esa figura siniestra es Robert Reinaux, un ex compañero de escuela.

Estudiamos juntos en la escuela secundaria y todavía tengo en una cajita todas las notas de amor que me envió.

– Dios mío, así que esto es todo. Papá y yo encontramos esas miradas extrañas y, hasta cierto punto, descaradas. Ahora se explica el motivo de esas miradas de enfado.

– Cálmate, mamá, cálmate, papá y los hermanos también. Una nueva Suzane está cobrando vida.

✳ ✳ ✳

Dos meses alejaron a Suzane de aquel infortunado domingo, cuando, convencida del desmoronamiento de su más bello sueño de amor, comprendió que Robert Reinaux ya no podía ser suyo, sino de la Iglesia.

Fueron sesenta días difíciles, tristes y muy amorosos. De madrugada, cuando todo está en orden para pasar un día agradable, alegre y feliz, Suzane, guiada por la influencia de su corazón dócil y apasionado, deja resbalar la barca de la incertidumbre hacia el océano de las lágrimas.

Solo con un esfuerzo sin precedentes pudo volver al mundo de la realidad.

De la dura y cruel realidad estaba convencida; sin embargo, era difícil llegar a un consenso entre el amor herido y la razón contundente. Sin embargo, cuando estaba en contacto con el público y los compañeros de trabajo, sus quejas estaban al margen de los eventos, no siempre agradables, que ocurrían en la ciudad.

Unos meses más tarde, el suave y apacible viento de la suerte sopló tranquilamente su barco para encontrarse con Jean Pierre. No es que la imagen de Jean Pierre fuera recordada con cariño por ella en sus recuerdos del pasado, pero para curar una enfermedad amorosa, ¡nada mejor que un nuevo amor!

El feliz encuentro se produjo un fin de semana, cuando Josefina y ella visitaban unas tiendas del centro, con el fin de comprar abrigos, pues el anunciado invierno se suponía severo.

Tan pronto como Jean la vio entrar en la tienda, fue a su encuentro y, acercándose, se ofreció a atenderlas. Suzane, sorprendida, lo saludó y cortésmente se encargó de las presentaciones. Sin que ellos se dieran cuenta, en ese momento mágico, Eros, el dios del amor, según la mitología griega, disparó su flecha de cupidín del amor, dando en un doble blanco: sus corazones. De ese encuentro, digamos, casual, y aunque de manera cálida y sin cansancio, nació un amor verdadero y prometedor, de esos que empiezan lentamente, casi deteniéndose, pero se hacen duraderos.

✳ ✳ ✳

El momento, el instante en que la criatura está viviendo es muy importante.

Y esta es precisamente la porción infinitesimal de tiempo que tenemos para dar forma al futuro. Casi siempre nos equivocamos cuando tratamos de analizar los factores tiempo y valor.

Veamos: Jesús, la máxima expresión de sabiduría y amor de la que tenemos noticia, enseñó en pocos años, lo que vivió toda su vida. Nosotros, que desde hace más de 2000 años después de Él, estamos en sucesivas etapas en la Tierra, todavía no hemos aprendido casi nada de las maravillosas enseñanzas que Él nos dio.

En la actualidad, aquellos con una vida espléndida pueden ordenar que sus cadáveres putrescibles sean escenificados después de la muerte en mausoleos. Jesús en lo alto del Calvario prometió a uno de sus compañeros de martirio:

En verdad, en verdad te digo que hoy mismo estarás conmigo en el paraíso. Jesús, (Lucas, 23:43). Hagamos todo lo posible para combinar nuestro tiempo en la Tierra con los valores morales que Cristo amablemente nos transmitió.

De lo contrario, puede que incluso tengamos nuestras tumbas ricamente decoradas, pero sin la experiencia cristiana, nunca podremos soñar con el paraíso.

Jean Pierre y Suzane comenzaron a verse los fines de semana, incluso porque el chico se hizo amigo de François y Leonel, los hermanos de la chica. Era habitual que salieran juntos los domingos por la tarde, cuando los hermanos François y Leonel iban acompañados de sus novias, Isabelle y Marly, respectivamente.

Para la familia Lainard, el encuentro y la camaradería de estos jóvenes significó el regreso de la paz a su hogar. Nunca más volvieron a ver a Suzane con el rostro empapado de lágrimas, ni en los rincones. Volvió a sonreír y creyó en Dios y en la vida.

Ella, evitando encontrarse con Robert, nunca volvió a la Catedral de Saint Germain y evitó hablar de él, en lo que estaban de acuerdo Maurice y Josephine, ya que tampoco pisaron más esa iglesia. Poco sabían que el padre Reinaux, a veces, de forma encubierta, había estado merodeando por los alrededores de donde vivían.

Entre los familiares de Jean, hijo único, también reinó la felicidad al devolverle la sonrisa y la alegría. De la taciturnidad, de la apatía constante, empezó a sonreír, a cantar, demostrando que había entrado en la tonada del amor.

Un fin de semana en que las parejas de novios salían juntas, Robert, que estaba al acecho, vio a Jean estrechar a Suzane entre sus brazos y casi perdió el control.

Estaba furioso, casi al punto de no molestarse en salir de su anonimato para atacar a Jean Pierre. El odio chisporroteaba en sus ojos, sus labios temblaban, su rostro en gestos frenéticos, lo hacía retorcerse por completo. Él solo pudo calmarse después que los novios se separaron, y luego, respirando lenta y profundamente, volvió a su estado normal, que, en realidad, no era tan normal, ya que es imposible demostrar tranquilidad llevando un volcán en erupciones constantes.

A partir de ese momento, el padre Robert Reinaux, en caso de ser consultado por un psiquiatra, sería catalogado como loco. Sus pensamientos agitados eran más como una manga de viento en un club de vuelo. Cambiaban de dirección en cualquier momento, obedeciendo al impulso del viento.

Desgraciadamente, cuando el ser humano se deja dominar por los bajos, bajos sentimientos, pronto sufre las consecuencias que vienen de todas las locuras que empezará a cometer.

Esto se debe a que, en todos los seres, existe un tribunal llamado conciencia que registra todo y, tarde o temprano, a través del remordimiento, comenzará a cobrar los daños causados, que la memoria ha registrado.

Robert Reinaux, a pesar de la respetabilidad que le otorgaba la sotana, tenía en su interior un matiz maligno que, hasta el cansancio, su mente enferma acariciaba y que le llevaría a la locura total.

CAPÍTULO 5
El secuestro

Era el año 1572, en los primeros meses, cuando el padre Robert Reinaux perdió decididamente el control de sus acciones. Sobre el escritorio de su habitación, garabateaba y rasgaba nerviosamente hojas de papel en las que esbozaba un siniestro plan. Pasó unos días tratando de encontrar la manera de llevar a cabo un secuestro en el barrio donde vivía Suzane, sin despertar sospechas. Durante el día, después de sus deberes como miembro de la Iglesia, se dedicaba frenéticamente a este infeliz negocio. La noche; sin embargo, con el regreso de todo lo que locamente tramaba, se retorcía bajo la influencia de terribles pesadillas. Pasaron unos meses y el padre Reinaux, demente, enloqueció por completo.

Finalmente logró detallar su macabro plan. Para llevar a cabo el nefasto secuestro que había elaborado detalladamente, contaría con la ayuda de un sirviente de la Catedral de Saint Germain, un hombre medio estúpido y fuerte, pero que realmente fuerte solo tenía los músculos, pues su cabeza hueca, por el bien de la verdad, solo sirvió como un caldo de cultivo para los parásitos. A principios de julio, en una noche oscura que presagiaba una fuerte tormenta, Reinaux y Honoré, más conocido como Bolón, fueron al barrio donde vivía Suzane, y el desafortunado cura detalló lo que había que hacer para que el secuestro se llevara a cabo con seguridad y de forma que no despertara sospechas.

Bolón, algo confundido, su voz más parecida a un gruñido que a un discurso humano, preguntó:

– Pero, ¿cuándo debería secuestrarla?

– Vamos, Honoré, ¿no te dije que tienes que venir aquí todas las noches?

– Una de estas noches te acercarás a ella. La amordazarás, atándola fuerte para que sea más fácil de transportar. Entonces la conducirás al escondite que te mostré.

El reverendo M... ya lo sabe, porque dije que era una despreciable hugonote.

– Todo bien todo bien. Después de eso, recibiré el dinero que me prometiste.

– Sí, sí, Bolón. Eso es lo que conseguiremos más tarde.

✷ ✷ ✷

El torpe compañero de Robert esperó con impaciencia durante una semana y media, esperando el momento adecuado para hacer lo que le ordenaron hacer. Uno de los vecinos de Maurice Lainard sospechaba de ver a ese hombre extraño merodeando por las noches; sin embargo, siguió sospechando. Nadie podría haber imaginado que dentro de unos días, alguien de ese barrio sería secuestrado.

La ansiada oportunidad llegó un jueves lluvioso cuando Suzane tuvo que resguardarse de la lluvia en casa de una colega, por lo que tuvo que llegar más tarde.

La pobre niña caminaba lentamente debido al lodo causado por la inundación, y ya estaba muy cerca de su casa cuando la atraparon. La ausencia de gente en la calle y la oscuridad de la noche facilitaban todo.

Honoré se acercó por detrás con un paño empapado en éter, la abrazó y le colocó un paño húmedo en las fosas nasales. Con Suzane entumecida por el éter, al bruto le resultó fácil cubrir su cuerpo con una sábana oscura y rápidamente la condujo a un carro que esperaba.

Unas horas más tarde, en lugares muy diferentes de la bella París, se presentaron dos situaciones dispares, provocando en uno un contento entremezclado con ataques de risa, y en el otro, gestos de locura desbordados de inmensa tristeza.

Robert Reinaux, con los ojos bien abiertos ante la preciosa carga que Bolón había depositado sobre una vieja cama, parecía más un tigre feroz y hambriento, frente a una liebre indefensa. Dio un salto, frotándose las manos asesinas, mientras en una intensa agitación solo le quedaba reír, lo cual no hizo para no ser descubierto y atrapado con la mano en la botella. Más como un niño pobre frente a su primer juguete.

Unas horas después, la desafortunada Suzane recuperó lentamente la conciencia y gritó de horror al encontrarse en ese extraño lugar. Cuando se enfrentó a la siniestra figura de Robert Reinaux gritó de desesperación y se desmayó. Reinaux, alucinado, al borde de un ataque de nervios, abofeteó varias veces su hermoso rostro, tratando de despertarla, pero fue en vano. La desafortunada solo despertó al día siguiente.

Mientras tanto, la familia Lainard, desesperada, sin darse cuenta de lo que le había pasado a Suzane, caminaba como una cucaracha mareada, sin saber qué hacer.

Fueron los vecinos más cercanos quienes, movidos por la compasión, enfrentaron el hecho, organizando allanamientos en los alrededores, e incluso en la casa de amigos y compañeros de la niña, pero todo fue en vano. El trozo de tierra que formaba esa calle, escenario de incontables brutalidades, ya se había secado, a pesar de la lluvia torrencial de la tarde.

Los ojos de la familia de Suzane; sin embargo, todavía estaban húmedos.

Aun quedaban lágrimas por fluir hasta que se agotaron por completo.

Nuestro orbe terrestre para internarnos entre los mundos de la expiación y la evidencia, es una mezcla de escuela y hospital. Por otra parte, debido a los desastrosos sucesos provocados por sus habitantes, se asemeja a una noche tormentosa. La oscuridad de la noche es atravesada por el zigzag de los relámpagos, cuando el silencio nocturno es interrumpido por el estruendo de los truenos, y las copiosas lluvias se asemejan a las continuas lágrimas que resbalan marcando tantos rostros.

Felices los que, con previsión, buscan en la oración y en el noble trabajo el cobijo para librarse de las constantes tempestades.

No hay forma de evitar el llanto mientras haya conciencias nubladas por la influencia maligna del egoísmo destructivo. Solo la criatura que pulió los sentimientos en el taller del bien, logra tener paz y vivir feliz.

✳ ✳ ✳

La ausencia de Suzane dejó aquella casa como un jardín sin flores, un mundo sin sol, una noche sin estrellas y sin luna. La espantosa y ominosa noche negra arrojó una espesa oscuridad sobre todos, desalojando la serenidad y la paz que reinaba allí.

Al día siguiente del secuestro de Suzane, François fue a informar a Jean Pierre de lo sucedido.

El pobre se quedó sin palabras, no sabía que decir. En su corazón, las escenas que presenció en un triste evento hace una semana parecían repetirse en ese momento. Incapaz de concatenar sus pensamientos, y sin poder consolar a François que lloraba, se puso lívido y se desmayó.

Luego de atender a los compañeros a pedido del gerente de la tienda, Jean Pierre se retiró, ya que no tendría las condiciones psicológicas para seguir atendiendo al público ese día.

Estaba devastado, no entendía cómo alguien como Suzane que solo vivía para el trabajo y la familia podía desaparecer así, como por arte de magia.

Sin embargo, a pesar de sentir su corazón rebosante de angustia, Jean pudo razonar más que el hermano de Suzane. Mientras caminaban hacia la casa de Lainard, preguntó:

– François, ¿estás seguro que nadie vio nada? ¿Le has preguntado esto a todos los vecinos?

– Mira, Jean, qué bueno que hiciste esa pregunta, porque estoy seguro que escuché a alguien decir que vio a un hombre gordo merodeando por nuestra calle por la noche. Si Dios quiere, recordaré quién fue.

– Por todo lo que es más sagrado, François, trata de recordar. Tiene que haber una pista para que podamos empezar a buscar. Nadie desaparece así de la noche a la mañana.

– Estoy intentando con Jean, pero mi cabeza está tan confundida que es más como un archivo de recuerdos fragmentados.

***

Con la llegada de Jean, Josefina se acordó de su hija y empezó a llorar desconsoladamente. De ninguna manera fue capaz de controlarse a sí misma. François y Maurice la abrazaron al mismo tiempo, tratando de devolverle la calma, lo que se logró, ya que François informó a la familia que estaba seguro que uno de los vecinos había visto una figura extraña merodeando por la calle, días antes del secuestro de Suzane. Eso fue suficiente para encender la llama de la esperanza en el corazón de esa madre.

Cuando su padre le preguntó si estaba seguro de lo que estaba hablando, François aclaró:

– Sí, papá. Simplemente no puedo recordar a la persona que hizo esa declaración.

– Creo que es mejor si hablamos con todos y preguntamos. Solo así podremos empezar a buscar a Suzane.

– Así que empecemos ahora. François, tú y Jean intenten hablar con los vecinos de la derecha y Leonel y yo hablaremos con los del otro lado.

Indagaron de casa en casa, y después de pasar por varias, Maurice obtuvo la siguiente información de Gustave, uno de los vecinos más antiguos del barrio:

– Sí, Maurice, al menos un par de veces o tres me encontré con una persona extraña en nuestra calle – dijo Gustave –. Era un hombre de buena estatura, bastante regordete y calvo.

– Gracias Gustave, gracias a tu información podremos empezar a buscar a mi pobre hija.

Esa búsqueda comenzó en ese preciso momento; sin embargo, sería como buscar una aguja en un pajar. Había tanta gente con la descripción de Gustave y eso dificultaba todo.

Solo una asociación de eventos en los días venideros o un golpe de suerte podrían traer alguna noticia que calmara la ansiedad de la familia y diera respuesta a los interrogantes de quienes se encontraban enfrascados en tan difícil tarea.

CAPÍTULO 6
Buscando

Suzane, temblando de terror al sentirse sola en aquel cubículo húmedo y mal iluminado, lloraba de tristeza por tener que soportar el hedor de aquella cueva que más parecía una trampilla de ratas. Ella, que nunca había aterrizado en una casa extraña, que nunca había dormido en cama alguna que no fuera la suya, se sentía el ser más despreciable que habitaba sobre la faz de la Tierra y, para colmo, perdida en medio de aquella oscuridad. Allí, acurrucada en un rincón de la pequeña habitación, cavilaba en sus pensamientos la desgracia de vivir en una época en la que todo era posible en nombre de la religión.

Al día siguiente, en las primeras horas de la mañana, Reinaux apareció con un paquete de comida y lo colocó frente a la niña. Soltando gemidos agonizantes a través de su garganta, sus labios temblando de ira, Suzane espetó:

– Entonces, ¿así sirves al Señor, abusando de la debilidad de una mujer indefensa?

– Cállate, Suzane, ¿quién eres tú para interrogarme? Mientras yo pasaba años enteros en un estudio para los que no tenía vocación, tú permanecías en el lado bueno de tu familia, pudiendo encontrarte a gusto con ese idiota de Jean Pierre. Yo, por desgracia, tuve que alejarme de los míos, te perdí, y vi llegar a su fin el sueño que había acariciado durante tantos años, como sucede en las brumas de la mañana con la aparición del sol.

- ¿Crees que yo tengo la culpa de tus sufrimientos? ¿No has aprendido en tu iglesia que a cada uno le será dado según sus obras? No he movido ni un dedo, en realidad, ni un pensamiento contra ti. ¿Por qué me haces esto? Ten piedad de mí, de mi familia. ¡Déjame ir! Mamá que nunca tuvo buena salud debe estar muriendo.

- Ni siquiera sueñes con eso, niña. Solo te liberaré cuando aceptes ser mía.

Tu negación decretará el fin de él, de tu amado. Sé que ya no soy un hombre común y que no puedo tenerte como esposa, pero tengo un corazón dentro de mi pecho. Tendrás que aceptarme como sacerdote, porque soy demasiado cobarde para abandonar la sotana.

- Olvídame. Nunca te daré nada de mí mismo, Padre Robert Reinaux, ni siquiera en un sueño, porque creo que es imposible que alguien sin agallas tenga sueños, porque se convierten en pesadillas. Seguramente vives para luchar en tus pesadillas y quién sabe, una noche estarás bien cuando pelees tu batalla final con el demonio.

- Peor para ti, querida. Si ese día llega, acabaré contigo. También será tu final.

✳ ✳ ✳

La mayoría de las criaturas humanas aun no se han dado cuenta que siguen involucradas en sus propias creaciones mentales. Así, toda procesión de tristezas, desengaños y fracasos que se encuentran en el camino de cada ser, se debe a lo que mentalmente emana del interior de cada uno y sus buenos o malos logros.

La religión se encuentra impotente para aliviar a sus creyentes más devotos. Esto se debe a que la bendición del alivio no se llevará de afuera hacia adentro, sino que fluye de adentro hacia afuera, de la reforma mental de cada criatura.

La ciencia médica y las religiones, aunque respetables, han reformulado conceptos, cambiado nomenclaturas, pero no estudiar el espíritu inmortal y sus vínculos con el pasado no logrará sus objetivos.

Albert Einstein tenía razón al decir:

La ciencia sin religión es coja, la religión sin ciencia es ciega.

¿Cuándo se unirán la Ciencia y la Religión para extinguir el caos en el que luchan las criaturas humanas?

Las búsquedas para dar con el paradero de Suzane Lainard continuaron, pero sin ningún resultado. Era difícil buscar a alguien en medio de una amalgama de acontecimientos como los que vivían los franceses. Por lo anunciado, y por la aparente diplomacia de los acaudalados religiosos, a la afligida plebe solo le quedaron disgustos por los excesos de mentes embotadas y de tantos corazones endurecidos.

Conscientes de la desaparición de Suzane, las autoridades prometieron comprometerse con el caso, pero la situación era idéntica a la de una diminuta brigada de combate frente a distintos focos de devastadores incendios: no pudieron responder a tantos pedidos de intervención en distintos puntos de la ciudad.

Sin embargo, si consultamos el Evangelio de Jesús encontraremos:

No hay nada oculto que no haya de manifestarse; ni escondido, para que no sea conocido ni revelado. Jesús, (Lucas 8:17).

$$* * *$$

Pocas semanas después de la desaparición de Suzane, el vecino que dijo haber visto a una persona extraña en esa calle, fue con su esposa a asistir a una misa en la Catedral de Saint Germain y mientras escuchaba atentamente el sermón de esa mañana, vio y reconoció a Honoré.. Le susurró algo al oído a su esposa y salió corriendo. Media hora después volvió trayendo consigo a Leonel y Maurice, pero para entonces la misa ya había terminado y el criado de la catedral ya había desaparecido.

Todo había que hacerlo con mucha calma y de forma que no espantara a Bolón, porque si sospechaba que lo buscaban, tanto él como su jefe podían actuar con más cautela y dificultar aun más la búsqueda.

Ante la imposibilidad de encontrar a alguien en medio de tanta gente, Maurice y Leonel quedaron decepcionados, pues estaban seguros de haber encontrado el punto de partida para localizar a Suzane.

Regresaron a casa desilusionados, decepcionados, pero acordaron regresar a Saint Germain todos los fines de semana, ya que era necesario averiguar quién era el hombre y quién lo había enviado a secuestrar a Suzane.

Poco después del almuerzo, llegó Jean Pierre y volvió a surgir el tema. Nadie había imaginado, ni siquiera pensado, que Robert Reinaux estaba detrás de la desaparición de la niña, después de todo, Robert era sacerdote. Fue Jean quien les alertó de esta posibilidad, ya que Robert había estado enamorado de Suzane desde que era un niño.

Maurice empezó a recordar la forma extraña, las miradas desdeñosas dirigidas a su hija el día que habían estado en la catedral. En ese momento, escuchando el relato de Jean sobre la atracción que Suzane tenía sobre el entonces padre Robert Reinaux, no tuvo más dudas.

Roberto era el jefe.

Unas semanas más tarde, François, Jean y Gustave fueron a la catedral y lograron ver a Honoré levantarse para abrir las cortinas para que el coro cantara al final de la misa. Gustave se levantó todo nervioso y dijo en voz alta:

– Es él.

– Cálmate, Gustave – pidió Jean Pierre –. Muéstranos, pero lentamente. Así lo asustarás.

– Es ese hombre calvo que está cerca del tirador de cortinas.

– ¿Estás seguro, Gustavo? – Preguntó François.

– Más que eso, quiero ir allí, agarrarlo por el cuello y estrangularlo.

– Tomemos las cosas con calma, pidió François. Salgamos de aquí lentamente y tratemos de acercarnos a él. Cuando estemos muy cerca, solo así lo agarraremos.

A duras penas, por la presencia de los fieles que permanecían en sus lugares acompañando al coro, los tres hombres se acercaron al hombre regordete y trataron de agarrarlo, pero fue en vano. Con un fuerte tirón, Honoré logró liberarse y corrió hacia la parte trasera de la iglesia.

Hubo un gran alboroto en ese momento en la parte trasera del escenario, y en ese cono corriendo, Robert Reinaux reconoció a Jean. A partir de ahí, incluso la deducción que la familia de Jean y Suzane ya lo sabían todo fue cuestión de segundos.

Con la confusión creada por el intento de agarrar a Bolón, los fieles más cercanos se lanzaron en defensa del sirviente y los tres tuvieron que huir. El deseo de saber quién estaba detrás de ese secuestro solo quedó en el intento.

Robert Reinaux, más enojado que temeroso de ser descubierto, fue después de misa al lugar donde estaba Suzane. Entró alterado, con las facciones congestionadas, pues estaba ante la posibilidad de ser descubierto. Rodeó a la niña como un tigre feroz antes de atrapar a su presa y recordó en ese momento algo en lo que aun no había pensado: los tristes acontecimientos que se habían desarrollado en el hermoso París en los últimos días le harían más fácil intentar otro intento. Ahora, sería el turno de su rival de toda la vida: Jean Pierre.

Se quedó helado, temblando y delirando frente a Suzane, actuando como un loco. Mirándola como se mira a un ser despreciable, comenzó a desatar una andanada de insultos y acusaciones:

– Desgraciada, por tu culpa me encuentro al borde de las puertas del infierno. Ya no puedo tener un minuto de paz. Para empeorar las cosas, tu rompecorazones andrajoso y los miembros de tu familia ya deben saberlo todo, ya que nos persiguen a mí y a mi hombre de confianza.

– ¿Puedes decir en quién confías tanto, Robert? Dentro de una religión, más particularmente dentro de una iglesia, ¿no es Jesús el ser que más confianza debemos tener?

– Ese Jesús, esa nada. Me hice sacerdote en contra de mi voluntad, porque me obligaron.

Y no acepto a Jesús como Príncipe de Paz. ¿Qué príncipe es éste que deja a sus aprovechados al gusto de toda clase de adversidades?

– Ahora, qué cosa tan absurda, padre Robert! Entonces, por tu incredulidad, la desilusión que gobernaba tus días, ¿comienzas a lastimar a otras criaturas?

¿Dónde están esas palabras, ese romanticismo derramado en las notas con filo de oro que me enviabas desde niño? Seguramente esas hermosas palabras no salieron de tu corazón, sino de tu mente obtusa y egoísta, porque quien ama ayuda, apoya, comprende. Lo contrario de lo que estás haciendo.

Reinaux, llorando convulsivamente, salió del fétido cuarto donde estaba Suzane.

Caminó sin rumbo por la calle hasta que los pensamientos hirvientes se calmaron dentro de su cerebro atribulado. Así como el encuentro de ciertos elementos provoca erupciones volcánicas, los anhelos insatisfechos, la desesperanza, sumado al odio voraz que el infortunado sacerdote llevaba dentro de su corazón, hacían de él una persona infeliz y sumamente peligrosa. Su furia desenfrenada, su desequilibrio mental, podría, como un volcán, liberarse en cualquier momento, lava incandescente escupiendo a su alrededor.

CAPÍTULO 7

La muerte de Jean

Agosto de 1572. El pueblo francés vivió días espantosos, trágicos y edificantes.

La violencia estalló abiertamente y no solo en París, sino también en las ciudades de Toulouse, Burdeos, Angers, Lyon y otras. Alucinantes escenas de terror que evocaban la barbarie de siglos ya lejanos en el tiempo y olvidados por los hombres, se presentaban en vivo y en color, en cualquier rincón del hermoso París.

El pueblo francés pagó un precio demasiado alto por la excentricidad de la Reina Madre Catalina de Médicis, la pasividad de Carlos Maximiliano, el rey, y la falta de religiosidad de los que se decían religiosos.

✷ ✷ ✷

Los estudiosos de la Tierra aun no han podido evaluar satisfactoriamente la razón de tantos eventos desagradables que han hecho y siguen haciendo infeliz a nuestra humanidad. Se exponen muchas teorías, pero aunque respetables, no explican en esencia los factores que influyen o generan tantas tragedias.

Luego de un triste suceso, surgen variados comentarios, tratando de dilucidar la causa del desastre, cómo alguien individual o colectivamente fracasó en cometer innumerables atrocidades. Sin embargo, los mismos errores se repiten a diario, lo que indica que tales teorías son ineficientes para corregir tales problemas. Mientras las criaturas terrenales no se pongan en sintonía con las Leyes del Creador, vivirán a merced de estos hechos que solo ocurren por el egoísmo exacerbado de unos y la falta de amor de otros.

La teoría sin práctica no produce ningún resultado. Cualquier teoría, por noble que sea, seguirá siendo solo una teoría si permanece limitada al estrecho ámbito en el que fue creada. Solo cuando todos los seres estén en sintonía con el amor perfecto, aquel que Cristo enseñó y vivió, nuestro mundo tendrá paz y felicidad. Pero por ahora, como dice Eclesiastés: ¡la felicidad no es de este mundo!

Robert Reinaux, como dicen, se calmó y volvió al lado de Suzane. Quería hablar con más calma, pedirle perdón por las ofensas y sondear la posibilidad de una unión amistosa. Sin embargo, en la forma en que quedó expuesta la unión amistosa, se desató otra tormenta, lanzando relámpagos por todos lados. Suzane no podía entender cómo alguien que disfrutó de su compañía en la época escolar podía cambiar tanto.

Intentó conversar cortésmente, pero fue en vano. El Robert de entonces se había convertido en un hombre posesivo y tremendamente egoísta, y no veía nada más que sus propios intereses. Cuando se le preguntó si aceptaba sus condiciones, respondió:

– Solo puedes estar loco. ¿Cómo puedo aceptar ser tu esposa si no te amo? Además, solo pensar en esa posibilidad me enferma. Jamás prevaricaré entregando mi cuerpo a un hombre sin escrúpulos, que no tiene piedad ni misericordia por nadie, un verdadero monstruo.

– Sé razonable, Suzanne. ¿No te parece mejor aceptar mi amor, mi ardiente pasión, que quedarte prisionera hasta que se acaben tus días?

– Te equivocas, querido. Prefiero morir que entregarme a ti. Además, espero que Jean Pierre me encuentre algún día y entonces me entregue al gran amor de mi vida.

Las palabras de Suzane fueron como látigos azotando su orgullo herido.

Al oírla hablar así, consideró la seguridad, la firmeza de sus palabras, una barrera infranqueable y fuerte que le impedía avanzar hacia el objetivo ardientemente codiciado. Reinaux no se contuvo. Con los ojos a punto de salirse de las órbitas, el rostro distorsionado por la ira, le dio tal bofetada en la cara, dejándola marcada con la señal del anillo que llevaba en uno de sus dedos.

Altiva, firme en su decisión, volvió a hablar:

– No sirve de nada, Robert. Las personas violentas nunca logran por completo sus objetivos. Cuanto más pelean, más se alejan. La felicidad no se conquista por la fuerza, sino por el amor que nace de un corazón lleno de amor. Incluso podrás, después de mi muerte, tomar posesión de mi cuerpo, pero mi alma, mi amor, nunca tendrás.

Las palabras de Suzane lo hirieron hasta lo más profundo de su ser. Nunca imaginó que habría tanta resistencia por parte de una mujer. Al hacerla prisionera, estaba bastante seguro que a cambio de su vida ella podría entregarse; sin embargo, lo que encontró fue todo lo contrario. Suzane demostró ser una mujer fuerte. Metafóricamente hablando, un hueso duro de roer.

Mientras tanto, en otra parte de la ciudad, a pesar del intento fallido, Jean y uno que otro de los hermanos de Suzane siempre volvían los fines de semana a la Catedral de Saint Germain. Por lógica, y por no tener nada mejor, la iglesia de Saint Germain quedó como única opción como pista. Estaban seguros que un día más, un día menos, arrancarían la verdad de la boca de Honoré. Acusar a Robert sin pruebas sería una temeridad, aunque solo fuera porque, con la intolerancia que reinaba en la Iglesia, tal actitud equivaldría a pedir la pena de muerte.

Robert Reinaux, cuando terminó la misa, se escabulló, a toda prisa, en cuanto pronunció la última frase. Trató de esconderse y solo así iría a su casa o donde estaba Suzane.

En la impasibilidad del tiempo que transcurre a través de las horas, Jean y la desesperada Lainard continuó su búsqueda incesante. Suzane se consumía bajo el peso de sufrimientos indecibles y el cruel e insensible padre. Robert Reinaux, ideó una forma de eliminar la presencia de Jean Pierre de la faz de la Tierra.

En la noche del 23 al 24 de agosto, todo París estaba destinado a ser el escenario de innumerables asesinatos y salvajismo. Robert aprovechó esta oportunidad para llevar a cabo su plan para exterminar a Jean Pierre.

El día anterior, los brutos que el padre Robert había contratado con el propósito de asesinar a Jean Pierre, lo acosaron durante la tarde y lo acompañaron cuando salía de la tienda donde trabajaba. Lo siguieron hasta que tuvieron la oportunidad de capturarlo. Cuando el pobre muchacho pasaba por una calle oscura y desierta, lo atraparon, lo arrastraron y lo llevaron a un cuarto oscuro donde lo amarraron hasta que llegó el momento de torturarlo junto con los hugonotes.

El macabro espectáculo que se desarrolló aquella noche tiñó de sangre las calles de la bella París. Las escenas eran dantescas. Seguramente ningún pensamiento, ni siquiera el más atrevido, se atrevió a concebirlas. Había cuerpos y más cuerpos aplastados, cabezas cortadas, cráneos destrozados de hombres, mujeres e incluso niños. Jean Pierre fue brutalmente arrastrado hasta una plaza donde ya había muchos cuerpos ensangrentados esparcidos desordenadamente. Se podría decir que las brutales escenas que provocaron la muerte de miles de cristianos en el circo romano fueron menos aterradoras que las que se pudieron ver en ese momento.

Aquí podemos recordar la enseñanza de Jesús sobre la verdadera pureza:

Porque de dentro del corazón de los hombres salen los malos pensamientos, los adulterios, las fornicaciones y los homicidios. Jesús, (Marcos, 7:21).

El pobre preso gritaba, trataba de hablar, de dialogar, de llamar de alguna manera la atención de alguien sobre lo que le pasaba. Sin embargo, los Castigadores, un grupo temido en la ciudad por tantos actos de crueldad, le taparon la boca, impidiendo su intento.

Para horrorizarlo, los atacantes le quitaron la capucha que cubría sus ojos y el pobre muchacho pudo ver las atrocidades que se cometían a su alrededor.

Acto seguido, los desalmados le dieron tal golpe en la cabeza, que lo hicieron caer sin vida.

Y solo después, con refinamientos brutales, lo apuñalaron cobardemente.

Jean, bastante aturdido por el golpe, retorciéndose de dolor, no pudo contener los chorros de sangre que brotaban de su boca. Su fuerza menguó, su fin se acercaba.

Entonces buscó a Dios en el pensamiento y pudo ver en ese momento un ser luminoso que le sonreía, animándolo en su agonía. Era el premio que se le concedía por pertenecer al número de los que creían en el bien y en la verdad.

✳ ✳ ✳

El pánico se extendió por todos los rincones y por todas las calles, filtrándose en tantas familias, y parecía no tener fin. Un manantial inagotable de lágrimas comenzó a brotar continuamente, y durante mucho tiempo, marcando los ojos de familias respetables y reacias a ese tipo de cosas ignominiosas.

El descontento y el inconformismo se habían extendido durante mucho tiempo, debido a las guerras civiles entre católicos y protestantes; sin embargo, uno nunca hubiera imaginado que ese estado de cosas podría ocurrir. Con el tratado de Saint Germain, disminuyeron las animosidades existentes; sin embargo, los católicos, más intransigentes, no aceptaron esa paz.

La admisión de Coligny, líder de los hugonotes, en el Consejo Real reavivó los conflictos.

La Reina Madre, Catalina de Medici, utilizó todos los artificios y el poder de persuasión que tenía sobre su hijo, animándolo contra los enemigos, pero con su vivacidad, trató siempre de permanecer en el anonimato.

Imagínese, aunque sea por un momento: ¡la desesperación de alguien que ve a su ser querido ser arrastrado fuera de su residencia, llevado a una plaza para ser cruelmente asesinado! En todas partes las mismas escenas, los mismos gestos: gente desesperada que grita pidiendo ayuda, casi al borde de la locura.

La familia Bittencourt, ya tan castigada por el sufrimiento de su hijo por la desaparición de su novia, se sumó ahora al llanto de los Lainard, porque Jean también había desaparecido.

Un intento de búsqueda en las condiciones actuales en las que se encuentran las calles de París sería extremadamente peligroso. Sin embargo, habría que hacer algo. ¿Dónde estaba Jean Pierre? ¿También lo habían secuestrado o lo habían asesinado como a los desdichados hugonotes?

Estas fueron las preguntas que, aunque no articuladas verbalmente, no dejaron de inquietar a aquellas almas martirizadas por el sufrimiento.

CAPÍTULO 8

Triste realidad

Francia en ese momento siempre estuvo sujeta a los intereses de los poderosos.

Era un escenario abierto para los eventos más absurdos. Un clan familiar muy poderoso, el de Guise, descontento con la presencia de Coligny en el Consejo Real, hizo todo lo posible para anularlo. Esto se debió a que sospechaban que Gaspard Coligny era el autor de la muerte de François de Guise.

En medio de tantas tramas bien tejidas y tantas connivencias, la batalla entre los dos mundos, el material y el espiritual inferior, bramó en astucias, artimañas y mañas de ambos bandos.

Puede decirse que el detonante que convirtió la noche de San Bartolomé en un espantoso incendio fue el ataque sufrido por el almirante Coligny el 22 de agosto de 1572, cuando Maurevert – Charles de Louuier – erró el blanco, dejándolo solo herido en la mano y en la brazo, aunque existen otras versiones.

Ante este hecho, el rey Carlos IX, en un intento de suavizar el ambiente tenso que se había formado, visitó a Gaspard Coligny en su cama al día siguiente del atentado y le hizo señas con la promesa de justicia.

Sin embargo, debido al ambiente bélico que se respiraba en el aire, unido a la amenaza de los de Guisa de retirarse de la capital francesa dejando desamparados al Rey y a la Reina Madre, hizo que Catalina se reuniera con sus asesores y alertara al Rey que allí había un complot contra él.

Bajo tal presión, incluso del Papa Gregorio XIII, el rey aceptó la sugerencia de eliminar a Coligny y sus principales lugartenientes, dejando solo a Enrique de Navarra y al Príncipe de Conde.

Dicen algunos que tras firmar la sentencia de muerte de los príncipes, influido por su madre, Carlos IX habría dicho:

"Que así sea. Que los maten. Pero mátalos a todos. Que no quede nadie que pueda acusarme."

A las cero de la noche del 24 de agosto, las puertas de la ciudad se cerraron por completo para que nadie pudiera escapar y el tañido de una campana de la Catedral de Saint Germain dio la señal para que comenzara la masacre. Esa misma noche, los nobles protestantes fueron expulsados del Palacio del Louvre y, tras ser expulsados, fueron asesinados en la calle. Casi al amanecer, el conde de Guisa, acompañado de una tropa, fue a la casa de Coligny y cobardemente lo mató. Según la historia, hay quienes afirman que Gaspard Coligny aun logró decir: "Si algún hombre y no este bruto me hiciera morir..." y no pudo decir nada más.

– ¡Maldita sea, mil veces maldita! Los hornos del infierno te están esperando. Un día sentirás en carne propia lo que nos estás haciendo a mí ya los míos. La Justicia Divina puede ser lenta, pero es inflexible.

– No me importa mucho la justicia de Dios. Si hubiera justicia, la tendría entre mis brazos. No estaría lejos de mis parientes ni rogando por una pizca de tu amor, mi querido sol.

– ¿Te has vuelto loco? Ahora es el momento de decir tonterías? El sol que deben buscar todos los que han perdido la fe y la confianza en sí mismos es Dios. Él sí tiene el remedio para todos los males que atormentan nuestras almas. Tú; sin embargo, actúas como quien se complace en mantener los ojos cerrados. El peor ciego es el que huye de la luz. ¡Cuidado!

– El constante paso de las horas combinado con tu forma de actuar sin duda te conducirá a un abismo insondable sin retorno. Reflexiona, analiza todo tu andar y cambia mientras haya tiempo.

* * *

Robert Reinaux parecía haber perdido el sentido del ridículo y seguía molestando a la pobre Suzane por el simple placer de verla sufrir. Tratar de agarrarla de nuevo, como lo había hecho dos veces, sería una completa pérdida de tiempo. Aunque su tendencia en su instinto animal lo espoleaba a hacerlo debido a la alta excitación de la libido; sin embargo, cuando lo intentó, sacó la peor parte, pues ella era más fuerte que él. Por otra parte, sería erróneo en esas circunstancias decir que Robert se contuvo por miedo o por su condición de sacerdote. Quizás, la suposición más correcta sería el disgusto que sentía por el mal olor de Suzane. Lo cierto es que la fuerza moral que la mente inmaculada de Suzane ejercía sobre él fue el impedimento que le impidió más ataques contra ella. Sin embargo, los meses pasaban y la pobre Suzane continuaba a merced de ese proyecto de cura transformado en un hombre peligroso y cobarde.

Si la pobre prisionera pudiera mirarse en un espejo, se horrorizaría.

La suavidad de su piel rosada ya estaba surcada por algunas arrugas y sus ojos verdosos ya no brillaban tanto, iluminando su bello rostro.

Unos meses después, dejó de comer normalmente. Y cuando lo hizo, se sintió mal por su estado de desesperación. La comida no pasó por la garganta.

Debilitada, atormentada por un sueño incontrolable, pasaba la mayor parte del tiempo durmiendo y soñando. A veces, en sus adornos, podía vislumbrar a lo lejos la figura adorada de Jean. Lo llamaba con toda la fuerza posible, pero en vano.

Amanecía sola en el aislamiento de esa habitación convertida en una celda de los horrores. Cuando apareció Robert Reinaux, Suzane ya no podía tener ese ardor en la contestación. Él habló y ella solo lo escuchó, pues le costaba soltar la voz debido a la debilidad que le había arrebatado las fuerzas. La pobre Suzane Lainard no era ni la sombra de la intrépida niña que había entrado meses atrás. Ni siquiera el propio Reinaux se atrevió a acercarse a ella para acariciarla, por el pésimo estado en que se encontraba. Olía mal. Parecía alguien que, perdido en un desierto, se había arrastrado durante largos días en busca de agua.

✳ ✳ ✳

Los familiares de Suzane y Jean Pierre vivían los días más dolorosos de esa existencia. Ni siquiera una palabra de Suzane, ya que Bolón, el muchacho regordete, había sido encontrado muerto a decenas de metros del portal principal de la catedral de Saint Germain.

En cuanto a Jean, uno de los compañeros de trabajo dijo que vio de entre los muertos, cuando los recogieron, a alguien que se parecía a él. Era lo que sabían, y las esperanzas de encontrarlo se convirtieron en una posibilidad remota.

Como la esperanza es la última en morir, según el adagio popular, existía en cada miembro de aquellas familias la certeza de encontrarlos un día después, aunque fuera en otro mundo. Un mundo sin guerras, feliz y lleno de paz.

Si tienes una ramita verde en tu corazón, los pájaros cantores descansarán sobre ella. Proverbio chino. Todos los hijos de Dios, al renacer en cualquier parte de nuestro querido planeta, ataviados con el atuendo físico de hombre o de mujer, tendrán que afrontar momentos difíciles y decisivos en su caminar. Solo aquellos que se han sumergido innumerables veces en el gran río de la evolución y no se han contaminado con la suciedad existente, cuando regresan aquí, vienen con un itinerario definido y tranquilo.

La evolución de cada ser se realiza de forma secuencial y pausada. Así como en la naturaleza todo es lento y progresivo, la evolución de cada criatura será siempre una suma de cualidades y una supresión de defectos. Si la naturaleza misma no da saltos, solo a través del tiempo y con mucho esfuerzo, el ser podrá llegar a la etapa que convencionalmente se llama: el reino de los cielos.

Este reino de los cielos debe tener su comienzo aquí mismo en la Tierra, a través del amor y la caridad. Desgraciadamente, de

56

mil maneras tratan de inculcar en la mente de los incautos la posibilidad de rehabilitarlos de los errores en los que han estado inmersos durante milenios solo a través de la creencia.

Creer es importante, de eso no hay duda. Sin embargo, prestemos mucha atención a lo que dijo uno de los apóstoles de Jesús:

Hermanos míos, ¿de qué aprovecha si alguno dice que tiene fe y no tiene obras? ¿Puede la fe salvarlo? Santiago, 2:14.

Así sea nuestro camino: una evolución constante, una lucha infatigable en busca de nuestra espiritualización.

Ante el dolor, valorémoslo en la condición de siervo fiel, restringiendo nuestros pasos para que no nos embarquemos en el camino del mal.

Ante cualquier enfermedad, la fe combinada con un esfuerzo continuo puede calmar nuestra mente, brindándonos alivio mientras no se establece la curación.

Ante los angustiosos problemas que visitan nuestros días, apoyémonos en el apoyo de la oración. La oración ferviente atrae hacia nosotros buenos fluidos y bendiciones de Dios.

Ante las dificultades con nuestras familias, seamos como el puerto: siempre abiertos a un fondeadero seguro. Nadie podrá ayudar a nadie permaneciendo neutral o maldiciendo con palabras de censura. ¡Quién podría censurar y no es Dios, ya que Él es y siempre será Amor Infinito!

✳ ✳ ✳

El calamitoso año de 1572 estaba por terminar cuando Suzane Lainard cerró los ojos al mundo terrenal. Completamente ciega, su apariencia esa tarde no tenía nada que ver con aquella chica atractiva que un día entró con los ojos hinchados y llorosos. Más como un pobre viejo vagabundo.

Pero a pesar de su aspecto triste, guardaba algo contrastante en su estado cadavérico: las líneas que antes delineaban su apuesto rostro ahora imprimían una mezcla de paz y belleza indescriptibles.

El espíritu que animó el cuerpo conocido como Suzane Lainard fue alguien que recibió la difícil tarea de unir en un solo abrazo a seres queridos que en tiempos pasados se desviaron de los caminos del amor y del bien.

No había conseguido, es cierto, quitarle la venda de los ojos que nublaba la visión de Robert.

Los demás, en cambio, entre el dulce recuerdo y el llanto de añoranza, le dirigieron el tributo de amor y gratitud, señal inequívoca que su estancia en el plano terrestre había sido sumamente fructífera.

Partió hacia lo Altísimo bajo rayos de luces de zafiro, pero dejó un lazo de amor fraterno que la unía a Robert Reinaux que los tiempos venideros ciertamente estrecharían.

Los que pasan entre nosotros no van solos. Ellos dejan un poco de ellos mismos, toman un poco de nosotros, Antoine de Saint-Exupéry.

CAPÍTULO 9
Del otro lado

Había una luz enorme dentro de ese cubículo oscuro y nauseabundo. Se podría decir que la ocurrencia de ese momento se asemeja al descenso de los ángeles al borde de un pantano fangoso y fétido.

Tan pronto como Suzane se liberó de las ataduras que la unían a su cuerpo físico, su espíritu estaba algo debilitado y adormilado, fue transportada a un enorme hospital en el espacio.

Entidades amables la acogieron con prontitud y la llevaron con amor a una nueva dimensión donde la muerte es solo una palabra simple y con un significado muy diferente al que los pobres humanos entienden. Internada en una habitación ventilada, con grandes ventanales y toda decorada con hermosos cuadros y jarrones con flores, durmió hasta el día siguiente, despertando bajo los cuidados de Isabela, la enfermera de turno. El médico Almeida, dedicado servidor de ese hospital, prescribió abundantes líquidos y medicamentos a base de fluidoterapia, ya que Suzane no tenía rastro de adicciones mundanas, representadas por excesos de todo tipo.

A diferencia de lo que había sucedido durante meses, tuvo un sueño reparador y tranquilo.

Se despertó dispuesta y quería saber dónde estaba. Esperó el cuidado de una enferma junto a su cama y cuando Isabela se acercó, intrigada, le preguntó:

– ¿Dónde estoy? ¿Qué pasó conmigo?

– No te preocupes, Suzane, te explicaré todo lo que está pasando. Estás en un hospital no lejos de la Tierra. Fuiste traída ayer por la tarde por un equipo de rescate.

– Pero ¿cómo? No recuerdo nada.

– Es entendible. Escucha con calma lo que te voy a decir. Ya no eres una prisionera, ahora eres libre.

– Oh, gracias a Dios. Pronto estaré con mis padres y mis hermanos.

Es una pena que mi querido Jean fuera asesinado junto con los hugonotes. Si no fuera por eso, nos juntaríamos en mi casa y todo sería una fiesta como antes.

– Escucha Suzane, no te preocupes por Jean, está bien. Al igual que tú, recibió tratamiento y se está recuperando del trauma que lo victimizó.

– Pero ¿no murió entonces? ¿Dónde está él? Me gustaría verlo.

– Hermana mía, la muerte, como la entienden las criaturas terrenales, no existe.

De hecho, nunca existió. Lo que realmente existe es un cambio dimensional, del suelo polvoriento de la Tierra a nuevas moradas, que serán felices o infelices, dependiendo de lo que hayas estado haciendo a través del cuerpo físico. En cuanto a tu deseo de ver a tus familiares, por el momento no es posible, amiga mía. Más tarde, quién sabe.

✳ ✳ ✳

El momento que los humanos llamamos convencionalmente el momento de la muerte tiene sus variantes, dependiendo de quién esté dejando la materia. Va desde lo más simple hasta lo más complejo. Será de manera sencilla cuando el desencarnado, consciente de sus deberes, encamine su vida por el camino del bien, de los deberes correctamente cumplidos.

Cuando, por el contrario, se ha comprometido conscientemente con el mal, con las adicciones mundanas, entonces el proceso de desencarnación se hará muy complicado. Nacer, vivir o morir, según la comprensión del hombre actual, son problemas que necesitan un cierto grado de espiritualización para que puedan ser entendidos y aceptados como hechos normales. ¿Cómo? A través del estudio concienzudo, la humildad para la aceptación y la religiosidad en lugar de la religión.

Nacimiento: el espíritu que viene a animar el cuerpo de nuestro hijito traerá la suma de lo que él mismo forjó en sí mismo en los caminos pasados. Un bagaje propio, intransferible, que debemos ayudarlo a rehacer, eliminando lo nocivo o innecesario y apoyándolo en la elección de las cosas útiles y nobles. Si queremos contribuir a su felicidad, a su elevación espiritual, debemos conducirlo por el camino del bien.

Si hacemos lo contrario, queriendo que se haga rico, que brille en los caminos del mundo, que ejerza un puesto destacado, un líder, en fin... tal vez lo estaremos ayudando a llenar un equipaje que solo lo hará infeliz en el futuro. Nuestro deber es darle riqueza espiritual para que no se complique ante las leyes de la Tierra, mucho menos ante las Leyes de Dios.

Vivir: Vivir por vivir, todos viven, solo renaciendo en el mundo terrenal.

Pero, de hecho, una vida llena de tribulaciones, contratiempos y dolor no es vida.

Una vida, digna de ese nombre, tiene que ser vivida con amor, de lo contrario no vale la pena vivirla. Vivir sin rumbo no es vivir, sino sobrevivir.

Morir: Todos los que lleguen aquí sin duda tendrán que irse algún día.

El uso fiel de las lecciones aquí recibidas, de lo que han sembrado en los caminos del mundo, determinará su felicidad futura.

La misma tarde de ese día, Suzane aprovechó cuando Isabela terminó de tomar unos apuntes y la interrogó:

– Isabella, he estado pensando. No me lo dijiste claramente, pero insinuaste que ya estoy muerta. ¿Eso es verdad?

– ¡Entiende bien, Suzane, Dios, el Padre Eterno, es el Señor de la vida! Él nunca nos crearía para que acabemos algún día. Estás más viva que nunca. Tu cuerpo acaba de morir.

Es más o menos como si hubieras abandonado un vestido roto, arruinado e inútil.

– Pero, ¿y los miembros de mi familia?

– Los miembros de tu familia están bien. Tristes sí, por no tener más su presencia, pero el Padre Celestial no abandona a nadie. Él simplemente no elimina el sufrimiento, porque el sufrimiento es parte del proceso evolutivo de las criaturas, pero siempre da el remedio de acuerdo con el dolor. En cuanto a lo que estás pensando, no te preocupes. Al día siguiente de su muerte, Robert tuvo la hombría de notificar de forma anónima a la policía, dando la dirección del lugar de tu deceso, y les informó que había encontrado un cuerpo en descomposición.

El mismo día, tus familiares te reconocieron y tu cuerpo fue enterrado con dignidad.

– Gracias a Dios. Bueno, al menos eso.

– Sabes, Suzane, yo también he vivido en el mundo de los hombres y sé lo difícil que es lidiar con la muerte y todo lo relacionado con ella. En cambio, tenemos que aceptar la muerte no como el fin de nuestros sueños, sino para ver en ella al ángel liberador que abre nuevas oportunidades de aprendizaje y crecimiento espiritual.

– Y... tendré que acostumbrarme a esta idea a toda costa. Ahora que sé que Jean Pierre también está en la misma situación, lo antes posible me uniré a él y juntos trabajaremos para ayudar a nuestra gente sobre la faz de la Tierra.

– Genial, mi querida hermana. Y así es como se habla. Siempre mira hacia el futuro sin miedo, con valentía.

✳ ✳ ✳

Dos meses después, Suzane se vio sorprendida por una grata y esperada visita. Jean Pierre, que la precedió en el gran viaje y ya estaba integrado en la Colonia, obtuvo una licencia y vino a visitarla. Llegó lentamente, con un hermoso ramo de rosas rojas frente a su rostro, y la llamó por su nombre:

– Hola Suzane, ¿te gustan las flores? Sin mirar directamente la dirección de donde había venido esa llamada, pero reconociendo la voz, gritó:

– ¡Jean Pierre!

Y corrió a su encuentro, arrojándose a sus brazos.

– ¡Oh mi Dios! – Dijo Jean –, cuánto tiempo he esperado este momento agradable.

– Yo también, querido. Conté las horas y ni siquiera recuerdo el número de oraciones que hice para merecer este milagro.

– Ningún milagro, mi ángel. Cuando hay amor verdadero que une a las criaturas, todo sucede en el momento adecuado. Dicen que Dios tarda, pero no le falta, pero en realidad nunca tarda. Las criaturas humanas somos las que creamos expectativas a través de la ansiedad y no sabemos esperar.

En ese día de feliz reencuentro, la hermosa pareja, unida como siempre, hizo planes para trabajar incansablemente para poder descender a la Tierra a ayudar a sus seres queridos.

Suzane y Jean Pierre permanecieron durante muchas décadas en esa Colonia espiritual y, unidos como siempre, trabajaron de día y estudiaron de noche, pues entendieron que el esfuerzo conjunto encaminado al progreso espiritual depende de mucho esfuerzo y dedicación constante. En ese momento, tuvieron la oportunidad de estudiar en detalle las implicaciones entre el pensamiento de los encarnados y los ya liberados de las ataduras físicas, así como temas que escapan a los alcances de este humilde trabajo.

En estos estudios aprendieron que la imprevisión, la negligencia y la falta de amor y caridad someten siempre al hombre terrenal a las influencias de los desencarnados, ya que les sobra el tiempo y solo esperan la oportunidad adecuada para lograr lo que quieren.

Así, con la mente aclarada por la luz de la verdad, con el corazón lleno de amor, descendieron a la Tierra para comenzar una nueva existencia. Vinieron con entusiasmo, como el labrador diligente y celoso que, después de preparar la tierra, selecciona cuidadosamente la semilla para sembrarla en la tierra. Y la semilla del amor puro e inmaculado, la llevaron grabada en el corazón.

Esta vez renacerían en España y se esforzarían por reunir el alma de Robert Reinaux en el redil del Mayor Amor, ¡Dios!

SEGUNDA PARTE

CAPÍTULO 10
Morgana

A partir de ahora, la narración se referirá a hechos del siglo XVIII, ocurridos en un pequeño municipio de la ciudad de San Sebastián, España.

La propiedad de Ramiro Álvarez, llamada Hacienda San Isidro, se extendía sobre una amplia franja de tierra cultivable y estaba toda, de punta a punta, compuesta de suelo fértil apto para la agricultura. El verde prado que se extendía exuberante frente a la casa del granjero, mostraba un rebaño de ganado pastando apaciblemente, mientras justo debajo, el caudaloso río fluía mansamente, garantizando la vida de los animales y abundancia en la vega ribereña.

En el lugar más agradable del verde valle se alzaba una hermosa casa. La dulce y cómoda casa de Ramiro y Hortência Diaz Alvarez. Aunque aparentaba treinta, ya tenía cuarenta. Y ella, mucho más joven, podría pasar por su madre, debido al delicado estado de salud en el que se encontraba.

Además de Ramiro y Hortência, vivían en esa casa una hermosa joven, de aproximadamente 19 años, que prácticamente había sido criada por ellos, y Consuelo, la cocinera.

Morgana, de piel oscura, pelo largo y negro, labios bien formados y gruesos, ojos almendrados, parecía más un ser divino que, huyendo del acoso de los dioses del Olimpo, había elegido ese lugar para reinar allí. Morgana era hija de Anselmo Azeredo, el empleado más antiguo de San Isidro, y de Gregoria García Azeredo.

Al igual que Anselmo, su esposa también nació en San Isidro, en una pequeña choza a la orilla del río, y a los 16 años se casó con él.

Solo lograron tener a esa hija, una flor fragante cuya bondad destilaba perfumes embriagadores.

Desde los doce años, la hermosa joven vivía en esa cómoda mansión debido al estado de salud de su ama. La fragilidad de Hortência le impedía ocuparse de los quehaceres domésticos y hasta de preparar la comida que por mucho tiempo estuvo a cargo de la vieja Consuelo.

La vieja Consuelo, desde el día que Morgana pisó aquella casa para hacer compañía a Hortência, se compadeció de ella, y de esa simpatía nació una gran amistad.

La de confiar cosas íntimas, compartir penas, rencores y tristezas.

Así fue como la niña Morgana llegó a tener un ángel velando por su seguridad dentro de aquella enorme casa.

✳ ✳ ✳

Vivir en la casa amarilla como se la conocía, aparentemente seguía su ritmo normal, pero Ramiro no se conformaba con vivir al lado de esa flor sin siquiera poder acariciarla, o como a veces pensaba: "tener que sentir la dulce fragancia de una flor, pero sin poder tocarla, era como morir de sed junto a una fuente clara y cristalina."

Había vivido en la abstinencia de los placeres carnales durante tantos años que incluso había perdido la cuenta, debido a la enfermedad de su esposa.

Con el empeoramiento de la enfermedad de Hortência, y sin poder controlar lo que pensaba, Ramiro se permitió involucrarse mentalmente en un clima insalubre y muy peligroso: conquistar el amor de Morgana. Ella; sin embargo, siguió dando lo mejor de sí misma a la enferma y ni siquiera sospechó lo que pasaba por la mente de su jefe.

Consuelo, buena observadora, notó de inmediato el extraño comportamiento de Ramiro y le advirtió a su amiga del peligro que corría, dejándola alborotada. A partir de ese momento, la pobre no tuvo descanso. Nunca aceptaría ceder a los instintos de su jefa, aunque solo fuera porque ella lo consideraba como un padre.

Los pensamientos desequilibrados de Ramiro; sin embargo, comenzaron a interferir con sus hábitos. Él, siempre con integridad, respeto y una honestidad envidiable, comenzó a utilizar ciertas sutilezas para enredar a la bella morena. Fue en una noche lluviosa, luego de un fuerte aguacero, de esos que parecen querer arrebatarlo todo, que sucedió lo que más temía la joven. La pobre Morgana se acordó de sus padres y partió desesperada rumbo a la pequeña choza junto al río.

Enfrentando la negrura de la noche, las ráfagas de viento que podían barrer todo lo que tenía delante, llegó toda mojada justo en el momento en que sus queridos padres ya estaban tratando de salvar lo que podían, porque la fuerte inundación lo había inundado todo.

Después de casi una hora, con la lluvia amainando y el agua sucia saliendo de los tres cuartos de la casita, la familia logró poner todo en orden y Morgana regresó a la casa toda sucia.

Le resultó más fácil regresar a la casa por la parte de atrás, ya que había salido sin que nadie la viera, pero ni siquiera podía imaginar lo que estaba a punto de suceder.

Al comienzo de la tormenta, Ramiro se acostó, trató de dormir, pero fue en vano. Sus pensamientos desordenados volaban de un lado a otro, como afuera, las hojas secas por el viento. Sin poder conciliar el sueño, se levantó y miró por la ventana la tormenta y vio como Morgana partía desesperada hacia la casa de sus padres.

No pudo controlarse. Su corazón quería explotar dentro de su pecho.

Muy alterado, con sus pensamientos tejiendo mil fantasías, se olvidó de la bondad, del cariño que la joven le dedicaba a su esposa y bajó las escaleras con la intención de vivir unos momentos de placer teniéndola entre sus brazos. Consuelo; sin embargo, se dio cuenta cuando Morgana salió corriendo a ayudar a sus padres y estaba al pendiente. Al verla regresar, bajó las escaleras con una toalla y pantuflas secas para que no se resfriase. Al acercarse a la cocina, pudo ver la figura inquieta de Ramiro caminando esperando a la niña y se escondió.

Tan pronto como Morgana abrió la puerta y entró, Ramiro la agarró de los brazos y trató de besarla. En ese momento apareció Consuelo y lo regañó con rudeza:

– ¿Qué es esto jefe? ¿Este es el pago que recibe la pobre por tantos años de dedicación y trabajo? Creo que Morgana quiere ser tratada como su hija y no como su amante.

– Lo siento. Creo que estoy perdiendo la cabeza. Esto no pasará otra vez.

Y por favor no le digas a Hortência. Si este episodio llega a sus oídos, podría morir de desamor, y eso sería desastroso para todos nosotros.

Morgana, por el inesperado suceso, quedó inmóvil, sin acción, petrificada. Cuando su amiga la tocó levemente, volvió a la realidad, recobró el sentido y comenzó a llorar.

Ramiro, al darse cuenta de la tontería que había cometido, quiso tomar sus manos de manera amistosa para disculparse. Ella; sin embargo, tiró de la suya, mirándolo. Le dijo:

– ¿Qué está buscando? ¿Cree que no tengo sentimientos y que solo soy una ramera? A partir de ese momento no me quedo ni un minuto más en esta casa.

Lamento la salud de doña Hortência, que me encanta, pero no me quedo más aquí.

– Cálmate, Morgana, tenemos que hablar.

– No tengo nada más que discutir con usted.

Y después de abrazar a su amiga, se apresuró a regresar a la casa de sus padres, sin siquiera despedirse de su jefe.

* * *

Al llegar a casa de sus padres trató de disimular la tristeza que cubría su rostro; sin embargo, la atenta madre se percató que algo andaba mal en su repentino regreso a casa.

Al preguntar qué había pasado, Morgana prorrumpió en un interminable y doloroso llanto:

– Mamá, ¿por qué me tuvo que pasar esto a mí?

– ¿Pasar qué, niña? Le contó al padre.

– Siento que te lo voy a decir. Pero primero, papá, quiero que me prometas que no harás nada contra el jefe.

– ¿Qué Morgana, de qué estás hablando?

– Tranquila, mamá, te lo diré.

Y la pobre criatura informó a sus padres del desafortunado suceso que había ocurrido cuando regresaba a la casa amarilla. Les explicó que, aparte del susto, no pasó nada más, gracias a la intervención de Consuelo, que se interpuso entre los dos, pero que ya no quería volver a trabajar en esa casa.

– Ten por seguro, hijita – dijo el padre tratando de calmarla –, mañana te llevaré a la ciudad. Te vas a vivir con tu tía Carmela. Eres lista y seguro que encuentras un buen trabajo allí.

Pero, ¿y tú y mamá? ¿Qué harán? Con mi renuncia al trabajo, ¿los dejará Ramiro continuar viviendo aquí?

Espero que Ramiro Álvarez no nos complique la vida más de lo que ya lo ha hecho con este atentado contra ti – dijo el padre con cierto aire de amargura.

Al día siguiente, con los primeros rayos del sol, Anselmo Azeredo llevó a su hija en un pequeño carromato rumbo a San Sebastián. Morgana permaneció en silencio y bastante triste por tener que separarse de sus padres, pero esperaba encontrar una nueva vida en la ciudad donde pudiera sentirse más útil y vivir más feliz.

∗ ∗ ∗

Sin la luz que nos brinda la Doctrina Espírita, sería difícil aceptar o explicar el porqué de los vertiginosos giros, o vueltas si se prefiere, que comúnmente suceden en nuestros caminos.

Cuántos casos existen hoy, y cuántos otros escritos en los anales de la historia para probar que nuestra venida a la Tierra por medio de la reencarnación obedece a los dictados de la Sabia Ley de Dios.

De lo contrario, veamos:

Abraham Lincoln, con el objetivo de emancipar a los esclavos y reformular la democracia de su país, dejó la simple condición de empleado de un aserradero para llegar a la presidencia de los Estados Unidos.

Juana de Arco dejó su rebaño de ovejas en el pueblo de Domremy, en Lorena, Francia, para luchar por la coronación del Delfín. Luego soportó durante seis meses el martirio moral en interrogatorios injustos y agotadores, y finalmente murió quemada el 30 de mayo de 1431, en las llamas crepitantes que había encendido la maldad humana.

Pablo, el apóstol, dejó Cilicia para estudiar en Jerusalén, donde pudo aprender los textos sagrados de Gamaliel en el templo de Salomón. Sin embargo, después de encontrarse con Jesús en el camino a Damasco, caminó una distancia equivalente a 20.000 km, enseñando el cristianismo, solo para ser decapitado fuera de los muros de Roma en el año 67.

Jesús, el Justo por excelencia, dejó el humilde pesebre con sus padres y pasó siete años en Egipto. Volviendo a Galilea, se instaló en Nazaret, para salir después por todos los pueblos enseñando la Buena Nueva, y después de realizar la más grande y sublime misión entre los hombres, aceptó ser crucificado entre dos ladrones.

¡Que aprendamos de Él a cambiar nuestro mundo, comenzando por nosotros mismos, porque habitando un mundo mejor, seremos más felices!

CAPÍTULO 11
San Sebastian

Las casas de San Sebastián bajo los reflejos del sol parecían un rebaño de ovejas pacíficas que descansaban plácidamente en la verde pradera que se extendía magníficamente por delante.

Las pequeñas olas rompiendo en la arena de la bahía de La Concha fueron todo un espectáculo para la soñadora Morgana.

Luego del lento descenso que duró casi una hora por el Morro Igueldo, llegaron a la hermosa San Sebastián y comenzaron a buscar la casa de Carmela. Después de indagar en varios lugares, dieron con el lugar indicado y, llegando antes, la llamaron:

– ¡Ay de la casa! ¿Hay alguien ahí?

Y una simpática señora salió a su encuentro con los brazos abiertos y sonrisas sueltas:

– ¡Dios mío! ¡No creo! ¿Tú, Anselmo? Y esta hermosa morena no me dirás que es Morgana.

– Sí, esta es mi querida hija.

– ¡Tu hija es muy guapa, Anselmo!

– Gracias, tía Carmelita. Cuando mamá y papá hablaban de ti, me imaginaba que eras una anciana. Ahora veo que me equivoqué. También es muy hermosa.

– Y Gregoria, ¿por qué no la trajeron? No la he visto en un tiempo.

La extraño inmensamente.

- No pudo venir Carmelita, estaba limpiando el desastre que hizo la lluvia anoche.

- Y tú, niña, ¿qué has estado haciendo allí? Al parecer, no has trabajado con tu padre en el campo, ¡porque no tienes la piel quemada por el sol!

- No, tía, yo trabajaba en la casa del jefe. Su esposa está muy enferma y le hice compañía.

- Así está explicado. Ese raso de tu piel solo lo puedes conseguir a la sombra, porque el sol siempre castiga la piel. A juzgar por tu belleza, ya debes haber encontrado a tu príncipe azul, ¿verdad?

- Lástima que no, tía, la vida es tan complicada... - Y se esforzaba por no echarse a llorar.

Anselmo, con el objetivo de aclarar las cosas y sacar a su hija del bochorno creado por la curiosidad de su hermana, intervino:

- Por eso estamos aquí, Carmelita. Ayer, a la hora de la tormenta, pasó algo desagradable que, si fuera posible, no se lo contaríamos a nadie.

- Pero ¿ni siquiera yo que soy tu hermana?

Morgana miró a su padre y él, con un significativo movimiento de cabeza, la animó a contarle todo el triste suceso de la noche anterior.

✳ ✳ ✳

- Sabes, tía, yo empecé a trabajar en la casa de del señor Ramiro y doña Hortência cuando tenía doce años. Me contrataron para ayudarla, ya que siempre estaba enferma y no quería hacer nada.

Vivía de la cama a un sillón en el porche, y de ahí a la cama. Viviendo como su sombra, la ayudaba a subir y bajar y también le daba medicación en el momento adecuado.

Todo iba bien hasta anoche, cuando la tormenta golpeó de esa manera. Mientras caminaba de regreso a la granja, después de haber ayudado a mamá y papá, quienes tenían su casa inundada por las aguas de la inundación, fui agarrada por el Sr. Ramiro que intentó besarme.

Gracias a Dios no pasó nada, porque Consuelo, la cocinera de la casa, evitó lo peor. Llorando, desesperada, me prometí que nunca más volvería a poner un pie en esa casa. Trató de hablar, se disculpó, pero ya no puedo más, tía. El miedo y la vergüenza por los que pasé fueron más significativos para mí que su promesa de no atormentarme más.

Una conciencia limpia y tranquila vale más que cualquier trabajo.

– Es verdad, niña. Hay hombres en el mundo que se aprovechan de lo que tienen para atrapar a niñas ingenuas. A veces comienzan con sutilezas simples, y si no se detienen a tiempo, terminan victimizándolas.

Luego de las sensatas consideraciones de Carmelita, el padre de Morgana aprovechó y preguntó:

– Carmelita, ¿Morgana podría vivir aquí contigo? No sé qué será de nosotros. Puede ser que cuando llegue hoy a San Isidro me encuentres con un aviso de despido.

Aquí contigo ella podrá conseguir un trabajo y hasta podrá estudiar; sin embargo, atrapada en ese fin del mundo, ¿qué será de ella?

– Puedes estar tranquilo, Anselmo. Y, por supuesto, mi querida sobrina puede quedarse conmigo. E incluso es bueno. Estoy tan sola, así que nos haremos compañía.

Luego de descargar las bolsas que traía con la poca ropa de Morgana, abrazando con cariño a su hija y hermana, aquel hombre partió triste hacia la finca, ignorando lo que tendría que enfrentar al día siguiente.

✳ ✳ ✳

Antes de renacer y después de aceptar los planes de ascensión destinados a nuestra mejora, somos responsables de su ejecución, retraso o postergación.

Nuestra conciencia, juez implacable, nos convocará a cumplirlas satisfactoriamente, tarde o temprano. Claro que por el camino elegido se tiene una idea del destino deseado; sin embargo, las caídas, el estancamiento y los sinuosos que provocarán el retraso en la ruta, son detalles que dependerán del esfuerzo y la forma de hacerlo. caminar de cada uno.

Así, estar viviendo como viven los demás, siendo uno más entre miles de millones, sin perspectivas, sin un ideal ennoblecido de buenos sentimientos, es caminar lento, o casi detenerse. Emmanuel, a través del difunto Chico Xavier, dictó una frase en uno de sus libros que corrobora lo que intentamos transmitir: "La perfección es la meta. La reencarnación es el camino."

Sí, nos guste o no, la reencarnación es el camino bendito que nos llevará a los Páramos de Luz, pero solo cuando estemos experimentando las enseñanzas del Maestro Jesús.

Lo que ya podemos sentir y lo que la gran mayoría no se da cuenta es que nuestra humanidad está desprovista de amor. La ciencia avanza, la tecnología se dispara y las religiones tropiezan.

No sirve de nada inventar otra nomenclatura religiosa cada día que pasa.

Los seres humanos no necesitan otra religión, sino una religiosidad capaz de transformarlos en mejores criaturas.

Hagamos nuestra parte en cada momento, lanzando otra nota de paz, amor y alegría al gran concierto universal. Entonces, algún día, podremos vivir en un mundo mucho más feliz.

Anselmo volvió a San Isidro entristecido y muy preocupado. Temía que lo expulsaran de la finca porque su hija había abandonado el trabajo. Por otro lado, estaba convencido que su hija había hecho lo correcto. No es posible vivir al lado de una serpiente traicionera y venenosa sin correr el riesgo de ser mordido por ella. Cuando dejó atrás el cerro Igueldo, el pobre hombre sintió que se le encogía el corazón y quiso volver, hablar con su hija y llevársela de nuevo, no por la pérdida del trabajo, sino solo por su ausencia.

Sin embargo, sabía que si lo hacía, la dañaría, ya que tenía la edad suficiente para cuidar de su propio destino. El carro se detuvo,

Se quedó por unos instantes, encendió una gitana y siguió, dando una calada tras otra.

Llegó a San Isidro casi de noche y, aun cansado, fue a la casa amarilla a hablar con su jefe. Con paso vacilante por el agotamiento del viaje a San Sebastián, reflexionaba sobre lo que le iba a decir a Ramiro Álvarez, y al mismo tiempo, resignado, monólogo: "lo que Dios quiera, nunca he tenido hambre en esta vida, y no será ahora cuando suceda."

Si me despide, que así sea. Llegó al porche de la casa y llamó:

– Señor. Ramiro! ¡Ay los de casa!

Y como el servicio estaba tardando mucho, aplaudió. A los pocos instantes el jefe gritó desde adentro:

– ¿Quién es?

– Soy yo, el señor Ramiro, Anselmo – Ramiro, al salir de la habitación, fue al encuentro de su empleado y con cinismo le preguntó:

– ¿Qué pasa, Anselmo?

– Vine a advertirle que mi niña ya no puede acompañar a doña Hortência.

– Pero ¿por qué, puedo saberlo?

Hay ciertos momentos en nuestras vidas cuando una simple pregunta es más como un tablero de sube y baja; dependerá del peso que se coloque del otro lado para que haya un equilibrio perfecto. Ese fue un momento crucial para Anselmo. Su estancia en la finca dependería de su diplomacia, de lo que dijo en ese momento. Pensó rápidamente y respondió:

– Sabe, jefe, hay un pariente nuestro en el pueblo que ha estado muy enfermo.

Hasta ahora no he enviado a Morgana, pero la pobre chica está al borde de la muerte. Perdón por su grave situación, tuve que enviar a Morgana para ayudarla. Se lo haré saber lo antes posible, para que el jefe pueda reemplazar a mi chica.

– Está bien, Anselmo. Está seguro. Mañana arreglaré otro acompañante para Hortência.

CAPÍTULO 12
El trabajo

Tan pronto como Morgana se encontró a solas con su tía, la acribilló a preguntas. Quería saber cómo era la ciudad, si la gente era hospitalaria y si realmente había posibilidad de encontrar trabajo. Carmela amablemente lo aclaró a su entera satisfacción. Carmela le explicó que la ciudad de San Sebastián también era conocida como Donostia por los vascos, antiguos habitantes del norte de España, en la frontera con Francia. Así, al día siguiente, en compañía de Carmelita, Morgana caminó por la ciudad en busca de trabajo y quedó deslumbrada por lo que vio.

Carmelita, siempre amable, la llevó a conocer los lugares pintorescos de la ciudad, las plazas y, en particular, el mar. Después recorrieron varios lugares, preguntaron, hablaron con los dueños de algunos establecimientos y finalmente alguien indicó una dirección donde necesitaban una mujer para cuidar a un anciano. Inmediatamente fueron a la dirección dada y se anunciaron.

Era una enorme mansión que indicaba la posición social y la importancia de sus habitantes. Esperaron unos segundos y fueron atendidos por una distinguida señora, quien les preguntó qué querían. Carmelita, más ingeniosa que su sobrina, se apresuró a decir:

– Nos enteramos que necesitan a alguien que cuide a una persona enferma. Nos gustaría saber si esta información es realmente correcta.

– Sí. Realmente necesitamos a alguien que cuide del Sr. Juan Pablo. Pero para quién es el servicio. ¿Y para usted o para la joven?

– Es para Morgana, mi sobrina.

– ¿Ha trabajado alguna vez en una casa cuidando a una persona enferma? – Morgana, saliendo de su silencio, respondió:

– Sí, en mi último trabajo. Cuidé a doña Hortência Alvarez.

– ¿Podrías traernos una carta de recomendación, Morgana?

– Podría ser, pero el lugar está lejos de aquí. Está en el campo a pocas leguas de San Sebastián.

Dolores, el ama de llaves, pensó un rato, y como simpatizara con la hija de Anselmo y Gregoria, preguntó:

Síganme por favor. Morgana y su tía la acompañaron y en ese breve instante, pudieron notar el brillo y el agradable aroma que emanaba de aquel sencillo corredor. Cuando llegaron a una habitación grande ricamente amueblada, se detuvieron y se sentaron a pedido del ama de llaves. Poco después, el ama de llaves regresó con la señora quien, de lejos, los saludó con frialdad, preguntando a la sirvienta:

– Entonces, Dolores, ¿quién es la candidata?

– Es la joven, doña Geraldine.

– Acércate, por favor. ¿Entonces acompañabas a una señora enferma en el lugar donde vivías? ¿Puedes decir qué ubicación es esta?

– Es en el campo, señora. Hacienda San Isidro propiedad del Sr. Ramiro Álvarez.

Cuidé de su esposa.

– Mira, niña, por mi experiencia de vida, sé que esta condición te favorece.

Las chicas criadas aquí en la ciudad son distraídas y llenas de malos modales.

El servicio es tuyo. ¿Cuándo puedes empezar?

– Ahora mismo, si quiere.

– No hay necesidad de apresurarse, Morgana. Y ese es tu nombre, ¿no?

– Sí. Morgana García Azeredo.

– Puedes venir mañana a las 8:30 am, ¿de acuerdo?

✳ ✳ ✳

Mientras Morgana, toda feliz, conseguía trabajo en la rica mansión de Ulhoa, en San Isidro, Ramiro buscaba a Anselmo por la zona y, cínicamente, quería saber por qué se había ido su hija. Como si no supiera por qué. Como Hortência aceptaba sin rechistar la partida de Morgana, pensó, no había razón para que Anselmo siguiera viviendo aquí en la hacienda.

Pero antes de despedir a su empleado más antiguo, quería saber a qué ciudad se había mudado Morgana. Anselmo, a pesar de ser analfabeto tanto de padre como de madre, desconfió del interés del patrón en querer saber el paradero de su hija y mintió:

– Morgana fue a Azpeitia, el Sr. Ramiro.

El labrador, como mosca azul volando sobre un tarro de miel, por sus malsanos deseos, ni siquiera sospechó que Anselmo le había ocultado la verdad. Ahora que sabía lo que quería saber, libre de cualquier acusación por parte de su esposa, despidió al pobre granjero sin piedad.

Fue un shock para ese hombre íntegro, honesto y trabajador. Nunca pensó que tendría un día para enfrentarse a una situación así: saber que su hija fue humillada, ofendida y encima, despedida. La sangre le hervía en las venas y le subía a la cabeza y, del hombre apacible y tranquilo, apareció un Vesubio, arrojando lava y llamas por todos lados:

– Entonces, ¿es esto lo que quieres, sinvergüenza? ¿Deshonrar a mi familia empezando por mi querida Morgana?

Sin que el labrador tuviera tiempo de defenderse, Anselmo lo tiró de la pierna, derribándolo del caballo. Luego tomó el machete que llevaba colgado de la cintura y fue por Ramiro. Si no fuera por la intervención de los vecinos, el jefe se iría a su casa hecho trizas, o tal vez muerto.

Diego Soares y sus hijos, vecinos de Anselmo, lo calmaron, mientras Ramiro se levantaba, golpeando su sombrero y ropa para limpiar las manchas de tierra. Montó su caballo y se fue a la finca maldiciendo a todo y a todos.

Anselmo, aconsejado por Diego, se fue a su casa. Le contó a Gregoria lo sucedido y le pidió que recogiera las cosas más importantes, pues tendrían que irse pronto, antes que llegara Ramiro a intentar vengarse del ultraje recibido.

Luego cargó lo más importante como comestibles, ropa y algunos utensilios de cocina en el viejo carro y se alejó rápidamente sin mirar atrás. Mientras seguía los pasos del anciano animal, Anselmo pensó: "Dios es mi testigo que siempre he hecho todo para mantenerme del lado de la paz; sin embargo, lo que pasó fue demasiado para mi cabeza."

Al día siguiente, eran ocho horas y veinte minutos cuando Morgana se presentó para comenzar su trabajo. La llevaron a la cocina para saber cómo alimentar al enfermo y también para conocer a Eugenia, la cocinera.

Entonces Dolores la llevó a una oficina, donde acordó su salario y también las necesidades y costumbres del padre de Geraldine.

Juan Pablo Ulhoa era descendiente de una noble familia vasca, un gran empresario y dueño de varias fincas. Debido a una caída de un caballo, no podía moverse; sin embargo, incluso paralizado, seguía visitando semanalmente todas sus mejoras, pero ahora, a sus 83 años, algo debilitado, necesitaba el apoyo de los demás para todo.

A Morgana le dijeron que se sentara junto a la puerta y esperara a que él la llamara. Cuando oyó sonar un timbre, llamó dos veces a la puerta y fue a abrir. Apenas entró, lo saludó respetuosamente:

Buenos días Sr. Juan. Soy Morgana, la nueva sirvienta. Aquí estoy para servirle.

El anciano sin decir nada, la miró atentamente. Él la miró de arriba abajo, como si la conociera desde hacía mucho tiempo. Después de tantas décadas y enfrentando algunas decepciones y cambios en la vida, tenía problemas para recordar, pero una cosa era segura: estaba seguro de haber visto esa mirada expresiva en alguna parte. Al cabo de unos segundos recordó a Eloísa, una antigua novia que, según él, Morgana era la copia perfecta.

Ella, a su vez, ensimismada, no sabía qué hacer y qué actitud tomar.

Fue el propio Juan Pablo quien, rebuscando en los archivos de viejas memorias, logró recuperar recuerdos nostálgicos de su pasado de conquistador incorregible.

Fue cuando conoció a Eloísa. Luego reanudó la conversación y continuó:

– ¿Morgana? ¡Que coincidencia! Tuve una novia con el mismo nombre que el tuyo.

¡Ese fue el nombre de mi primera novia! Amor primaveral... Éramos solo dos niños.

Morgana, para no mostrar indiferencia ante los recuerdos de su interlocutor, respetuosamente consideró:

– El amor primaveral, cuando se basa en una relación intachable, es la expresión del sentimiento más puro y verdadero que existe.

El pobre, dejando a un lado sus recuerdos lejanos, miró fijamente a Morgana y preguntó:

– ¿Cuántos años tienes, hija?

– Diecinueve años, señor.

– Pero no parece. Lo que acabas de decirme tiene un gran peso en mi conceptualización. Es difícil encontrar a alguien de tu edad lo suficientemente sensible como para expresarse tan bien.

✳ ✳ ✳

La cuestión de sentido y perspicacia que se encuentra en muchos jóvenes son características lógicas y naturales de su elevación espiritual. El aforismo: Nadie da lo que no tiene, se hace tan evidente en la valoración del comportamiento y de las palabras de las personas que, por ser jóvenes, pensamos que son inexpertas. Aquellos que han superado el conocimiento del mundo, y por tanto considerados afortunados, son espíritus que han sabido ir más allá de los demás.

El cuerpo físico sigue las leyes de la naturaleza. Pasa por diferentes etapas, según la edad, pero el espíritu es milenario. Esto equivale a decir que los llamados niños precoces no son más que espíritus evolucionados, cuya capacidad los libera parcialmente de las ataduras de la materia, permitiéndoles disfrutar de los aprendizajes alcanzados en vidas pasadas.

Cuando la ciencia terrenal comience a investigar fenómenos que trascienden la materia, encontrará que "entre el cielo y la tierra hay más cosas de las que sueña nuestra vana filosofía", como decía William Shakespeare.

CAPÍTULO 13
El giro

Mientras Morgana conversaba amistosamente con Juan Pablo, ni se imaginaba que sus padres iban camino a San Sebastián, pues fueron expulsados como una plaga contagiosa de la finca San Isidro. Mientras ella, en la ciudad, muy satisfecha, conoció a la gente amable, en San Isidro, los celos y la desconfianza se colaron en la casa amarilla.

La nueva compañera elegida por Hortência se convirtió en Mercedes, una joven muy delgada y fea, ya que Paloma, a quien su marido pretendía llevar, su novio le prohibió trabajar en la casa amarilla, aunque su padre ya había dado su consentimiento. Paloma, para no enojar a su prometido, no aceptó ser el paje de doña Hortência y con eso Ramiro vio que sus intenciones se iban por el desagüe.

El agricultor no estaba satisfecho con el cambio radical que se había producido en el interior de su casa.

La casa amarilla ya no era la misma. No había presencia de Morgana con todos sus encantos llenándolo de sueños y fantasías.

A Ramiro, que era un tonto, le pareció extraño que Hortência le hubiera impedido a Paloma elegir el reemplazo de Morgana. Lo que no sabía es que su mujer, sospechosa de la repentina partida de la hija de Anselmo, presionó a Consuelo, y la cocinera le contó todo lo ocurrido aquella noche lluviosa.

– Para hacer qué – pensó Ramiro –, el destino debe estar conspirando contra mí.

Por ahora tengo que aceptarlo, pero un día encontraré a Morgana y entonces las cosas serán muy diferentes. Pondré el mundo a sus pies y dudo que no me acepte."

✳ ✳ ✳

Por la tarde, al terminar su primer día de trabajo, Morgana se asustó cuando llegó a su casa y encontró a sus padres en casa de Carmela. Se arrojó a los brazos de su madre, besándola frenéticamente, y luego se arrojó a los brazos de su padre, aferrándose a su cuello.

Al enterarse que Ramiro Álvarez los despidió de San Isidro, Morgana se puso furiosa.

Solo después que su madre le había aconsejado, pidiéndole que se calmara, calmó su ánimo. Gregoria, con esa manera que solo las madres tienen con gran decoro, hizo ver a su hija que todo lo que sucede bajo el cielo, y en cualquier lugar, está siempre bajo la supervisión de Dios.

Y que, por supuesto, ella y Anselmo no serían abandonados. El padre encontraría trabajo y vivirían felices como siempre.

Al día siguiente, Anselmo, con la ayuda de Carmen, alquiló una casa y se mudó allí con su esposa e hija. Era una casita sencilla, pero con habitaciones bien ventiladas y rodeada de muchas flores.

Una semana después, Anselmo logró conseguir un trabajo como asistente de servicios generales en el puerto y todo volvió a la normalidad. Mientras tanto, por las circunstancias, Morgana, en cierto modo, pasó a formar parte de la vida de Juan Pablo, por su amabilidad que cautivó a todos, pues el solitario Juan Pablo no veía la hora que llegara su compañera y amiga por la mañana.

✳ ✳ ✳

San Sebastián era ya, en el primer cuarto del siglo XVIII, una ciudad encantadora y muy agradable. Sus habitantes, en su mayoría católicos romanos, frecuentaban la iglesia de San Vicente, la más antigua de la ciudad. Los Ulhoa eran asiduos a esta iglesia, y así, algunas veces a la semana Morgana acompañaba a Juan Pablo a misa, comenzando a interesarse por la religión.

Ella, que evitaba recordar el pasado, ahora pensaba con cariño en doña Hortência y la incluía en sus oraciones. En cuanto a Ramiro, aunque trató de desterrar su imagen de sus pensamientos, ya no lo odiaba como meses antes. Era el efecto de la oración en su máxima expresión: unir la mente de la criatura a su Creador, dando lugar a nuevos pensamientos, proporcionando un nivel superior de sentimientos.

El tiempo, fiel espectador de todos los acontecimientos sobre la faz de la Tierra, continuaba transcurriendo en su trayectoria ininterrumpida hacia el infinito.

Dos años después que la familia Azeredo partiera hacia San Sebastián, Hortência Alvarez partió del mundo terrenal en una triste mañana de marzo. A pesar del visible desvanecimiento cadavérico, mostraba una expresión tranquila y serena en su rostro.

Había sufrido y ahora, resignada, partía hacia el otro lado de la vida, utilizando un cuerpo mucho más ligero y sutil. La muerte, lanzando sus gélidos tentáculos, arrancó el pobre espíritu de aquel cuerpo enfermo y desvencijado, dejando desconsolado a Ramiro.

Su relación siempre había sido frágil y, a veces, hasta aburrida, aunque Hortência siempre le había mostrado respeto. Fueron felices, muy felices en los primeros ocho años de su vida matrimonial, pero sin tener hijos, su matrimonio se volvió rutinario y tibio.

En cambio, cuando aparecieron los primeros síntomas de la persistente enfermedad, Hortência, como una hierba sensible que al primer contacto empieza a marchitarse, se alejó de él, negándole cualquier gesto afable o cariñoso.

Después de la muerte de su esposa, la casa se volvió demasiado grande. Solo du presencia y la de Consuelo hicieron de la casa un lugar melancólico y triste, pues ya no había razón para que Mercedes permaneciera allí. Así, en el transcurso del día, pasaba las horas en los campos o en los potreros y por la tarde, cuando regresaba, la casa amarilla parecía tener la presencia de extraños seres dentro de su dominio.

– "¡Oh, qué maravilloso sería – pensó – que Morgana todavía viviera aquí!

Tu hermosa sonrisa dentro de esta casa sería como los rayos del sol ahuyentando el frío que a veces me hiela hasta la médula. No sentiría el vacío que siento ahora dentro de mi propio ser. Solo tu dulce presencia me haría inmensamente feliz."

Eran pensamientos frecuentes que Ramiro se empeñaba en mantener vivos en su memoria, una especie de enfermedad o autocastigo que se aplicaba a sí mismo.

Si sus pensamientos se hicieran audibles, serían catalogados como los arrebatos de un hombre solitario y triste; sin embargo, como comentan las malas lenguas: ni el cuerpo ha bajado a la tumba, el viudo ya tiene el ojo puesto en otro. Si se aplicara en este caso, sería cierto.

Ramiro era consciente que estaba faltando al respeto al alma de su mujer, pero, pensó, "ella no está aquí, pero yo sigo vivo. Morgana es lo mejor que me ha pasado en la vida."

Para localizar el paradero del ex paje de Hortência, el agricultor comenzó a viajar por todas las regiones y ciudades en un intento de encontrar lo que, según él, sería su salvavidas. Viajó por varias ciudades y hasta en San Sebastián estuvo, pero no la encontró. Cuando un hijo de Dios vive y respira el camino del bien, la protección de Dios está siempre presente. Fue en una tarde templada, con poco sol, que Ramiro pasó junto a Morgana y no la vio.

En medio de la distancia, el paje de Juan Pablo notó la incómoda presencia del ex jefe y, para no ser descubierta, se agachó frente a la silla de ruedas, fingiendo estar cubriendo los pies del jefe. Cuando pasó el malo, ella se levantó y se disculpó con Juan Pablo, diciéndole que estaba revisando la temperatura de sus pies. Juan; sin embargo, se dio cuenta que algo andaba mal.

Sucediendo que Morgana actuara de esa manera, pero como ella evitó darle una explicación, él entendió y se disculpó.

Ramiro Alvarez parecía estar alienado y fuera de contacto con la realidad. En los lugares por donde pasaba, los transeúntes lo evitaban, pues además de mostrar una expresión de gritos en su rostro, hablaba solo y gesticulaba como un loco. Sus pensamientos una vez claros, permisibles para una persona con un juicio perfecto, ahora lo molestaban tanto que estuvo a punto de colapsar.

Sus viajes en busca de Morgana se realizaban los fines de semana.

Por lo general, de viernes a domingo, cuando regresaba por la tarde. Su gerente, Miguel Bernardo, atendió a San Isidro, a pesar de estar sobrecargado de trabajo, pero no tuvo el coraje de quejarse o comentar las actitudes del patrón. Fue el propio Ramiro quien, disconforme con los resultados de las infructuosas búsquedas, comentó un día:

– No es posible. ¡Parece que la maldita gente tomó una taza de té! Bueno, desaparecieron – Bernardo, algo indeciso, aventuró:

– Disculpe, jefe, si puedo ayudar.

– Gracias, Bernardo, pero ni Dios me ayudaría. Creo que se mudó al cielo y vive en el paraíso con los ángeles.

El concepto de paraíso, cielo o infierno difiere mucho entre las criaturas terrestres. Para muchos, el paraíso o el Jardín del Edén habría sido la cuna del género humano desde Adán y Eva. Están de acuerdo con lo que se les enseña sin analizar el contenido de la enseñanza.

Otros aceptan la existencia de un infierno, donde las llamas ardientes crepitan indefinidamente para castigar a los pecadores. Tampoco piensan en analizar lo absurdo de esta aceptación, porque según San Mateo, en 9,13, Jesús afirma:

Ve; sin embargo, y aprende lo que significa: Misericordia quiero, no sacrificio. Porque no he venido a llamar a justos, sino a pecadores al arrepentimiento.

El arrepentimiento de los errores, luego su corrección, y luego la práctica del bien, vaciarían sin duda el infierno imaginario que solo existe en la conciencia culpable.

El reino de los cielos que Jesús promete en el Sermón de la Montaña a los pobres de espíritu, es decir a los humildes, significa la experiencia del amor, desde el momento presente, porque cuando consultamos el evangelio, encontraremos:

Ahora bien, nadie ha subido al cielo sino el que descendió de allí, es decir, el Hijo del Hombre. Jesús (Juan, 3:13). Si analizamos cuidadosamente nuestros pensamientos y actitudes diarias, notaremos que buscamos constantemente, sin darnos cuenta de lo que es bueno o lo que es dañino para nosotros, porque las energías, o fluidos que nos rodean, siempre estarán en consonancia con nuestro yo interior.

Mejoremos todo lo que nuestra capacidad de análisis ya puede abarcar, luego descubramos lo que aun no podemos detectar, corrigiéndolos también, para que, finalmente, comencemos a crear el cielo dentro de nosotros.

CAPÍTULO 14
La viruela

Cinco años después de la muerte de Hortência, una amargura inesperada se apoderó de la hacienda San Isidro, afectando también a sus habitantes. Ramiro Álvarez, en sus andanzas en busca de Morgana, sin saberlo, fue contagiado de una enfermedad que victimizó, en su momento, a personas de todas las edades. A la vuelta de uno de sus viajes, Ramiro se encontraba mal, con un gran dolor de cabeza, dolores en el cuerpo y estuvo varios días en cama. Después de una semana, se dio cuenta que tenía unas erupciones en la cara y estaba aterrorizado, porque se hablaba mucho en la época de los brotes de viruela. Al día siguiente que aparecieron las erupciones, Ramiro se sentía exhausto y lleno de angustia, pues la viruela, después de una semana de contagio, se manifestaba como algo cruel y devastador. Temeroso de quedarse solo y dejar la finca en manos extrañas, recordó a sus dos hermanos. Murilo era miembro de la Iglesia y vivía en Sevilla y su hermana menor en Francia estaba casada con un hombre al que detestaba.

La única decisión correcta sería advertir a su hermano Murilo, pidiéndole ayuda.

La misiva enviada y escrita de su puño y letra le dio a su hermano la impresión que estaba al borde de la tumba y no tardó en aparecer. No es que Murilo fuera un hermano servicial y comprensivo, pero sabiendo que su hermano había enviudado recientemente y que no tenía hijos ni herederos, salió de la iglesia y viajó a toda prisa a San Isidro.

Cuando llegó, encontró a su hermano cubierto de horribles pústulas y con pocas esperanzas de mejorar. La viruela o variola, como también se le conoce, había agotado su resistencia y el granjero parecía más un monstruo por su horrible apariencia.

Premeditadamente, a propósito, Murilo llevó a su hermano a San Sebastián y lo colocó en el lazareto del islote de Santa Clara, lugar apropiado para el aislamiento de los enfermos de enfermedades contagiosas, y allí lo abandonó. Ahora, sin Ramiro, podría tomar posesión de la finca y de toda su fortuna, en perjuicio de su hermana que desconocía lo que sucedía.

El desgraciado Honoré, asesinado en el pasado sin piedad ni piedad, estaba allí para cobrar lo que le debía Robert Reinaux.

A modo de aclaración, es bueno señalar que en la época a la que nos referimos aun no existía una vacuna contra la viruela. Tal vacuna solo apareció en 1796, cuando el médico inglés Edward Jenner, usando material purulento de una herida de vaca, inoculó pus a un niño de ocho años. Días después, el niño contrajo la enfermedad, pero de forma más leve, moderada, y luego llegó la vacuna.

Mientras Ramiro Álvarez comenzaba a cosechar lo que había sembrado en el pasado, y también por los deslices de su vida actual, Morgana cuidó mucho a Juan Pablo y los dos parecían más padre e hija, por la afinidad entre ellos. Temprano en la mañana, ella estaba en su puesto esperando que sonara la campana, anunciando que él estaba despierto, listo para su caminata matutina y su amena conversación habitual.

Ese día irían a la iglesia de San Vicente para la misa de la mañana. Todo había sido arreglado desde el día anterior. Así que Morgana había venido con sus mejores galas, solo para animar al jefe que se había convertido en un gran amigo. Más que eso, su confidente.

Tanto es así que, el motivo de su salida de la finca de Ramiro Álvarez, Juan Pablo estaba al tanto, porque ella se lo contó.

La iglesia, esa mañana, estaba abarrotada de fieles, porque cuando salen noticias alarmantes que pueden afectar de alguna manera a las personas, la búsqueda de la religión se vuelve más intensa. Dios siempre es más recordado en tiempos de dolor. Se habló, y corrió la noticia de boca en boca, que un brote de viruela se estaba extendiendo considerablemente por toda España.

Tan pronto como Morgana logró vestirlo, lo puso en una silla de ruedas y se dirigieron a la iglesia. Estaban solos, ya que Geraldine, por un imprevisto de última hora, no pudo acompañarlos. Terminada la misa, regresaron tranquilamente a casa, deteniéndose primero en la plaza donde Juan Pablo repartía chispas de pan a las palomas.

Cuando llegó a su casa, el pobre anciano estaba con los rasgos alterados y un poco temblando.

Morgana, atenta como siempre, colocó sus delicadas manos sobre su frente y vio que su patrón ardía de fiebre. Buscó a Geraldine y le contó lo que estaba pasando. La hija estaba muy preocupada cuando notó que su padre no estaba bien. Estaba horrorizada, pues temía perderlo, al igual que perdió a su esposo, hacía unos diez años.

Inmediatamente llamaron al médico de familia, un médico de total confianza para la Ulhoa, ya que era el mismo médico que atendió a Alejandro, el esposo de Geraldine, en vida.

La hija, aterrada por la alarmante noticia que circulaba en San Sebastián, llevó aparte al médico y le preguntó:

– Dr. Felipe, por el amor de Dios, no me ocultes nada. ¿No es la fiebre alta uno de los síntomas de la viruela?

– Sí, señora, pero por el momento no puedo decir nada.

– ¿Cómo, doctor? ¿No puedes hacer un diagnóstico a partir de una fiebre?

– Mire, doña Geraldine, si lo que el Sr. Juan Pablo es cierto, diez o doce minutos bajo el sol de la mañana no sería mucho, pero...

¿y si no dice la verdad? Dado eso, no puedo decir que este síntoma sea de la maldita viruela. Tenemos que esperar y desear que no aparezcan erupciones en la piel del Sr. Juan.

✳ ✳ ✳

Geraldine comenzó a levantarse a la mañana siguiente, corriendo a la habitación de su padre, con el corazón acelerado. Entró despacio para no despertarlo.

Se acercó a la cama, miró de cerca, esperando que no hubiera ampollas, nada que diera evidencia de la temida viruela.

Una mañana, lo que vio la hizo salir rápidamente de la habitación para no gritar de desesperación y asustar al pobre hombre.

Cubriéndose el rostro con las manos, salió desesperada, regresando a sus habitaciones, para poder llorar y desahogar toda su angustia.

– Pobre papi, tiene viruela – dijo casi en un susurro, y sin contemplaciones dio paso a un grito desesperado.

Una hora después llegó Morgana y se sobresaltó al ver a su ama esperándola frente al corredor de acceso a la habitación de Juan.

La niña notó que el rostro de Geraldine estaba lleno de lágrimas y que le costaba hablar. Finalmente, después de unos segundos, se secó los ojos y espetó:

– ¡Ay, querida Morgana, qué triste es mi vida! Hace años perdí a mi querido esposo por una enfermedad desconocida y ahora tengo miedo de perder a mi padre por la viruela.

Morgana, con sus hermosos ojos inundados de lágrimas, olvidó la formalidad social y extendió sus brazos hacia Geraldine, y el fraternal y afectuoso abrazo fue inevitable.

Y, en esa muestra de solidaridad, Morgana, dejando fluir toda su sensibilidad, susurró:

– Llora, doña Geraldine, pero llora confiando en Dios. Acuérdese del Maestro Jesús en el Huerto de los Olivos. Era consciente de la amargura de la copa que tendría que beber, pero confiando en el Padre oraba y esperaba. Confíe en Dios, Él nunca nos abandonará.

– Gracias, querida, no tienes idea de lo bien que me están haciendo estas palabras tuyas. Me gustaría pedirte un favor.

– Estoy siempre a su servicio, doña Geraldine. Aquí estoy para servir.

– Hazme un favor, hija mía. Ve al Dr. Felipe y dile que lo llamo.

Tómese las cosas con calma, señora. En un rato estaré aquí con el doctor.

* * *

Pocos son los hijos que se acuerdan de Dios todos los días. Menos aun los que recuerdan todo el día. Si el Padre Celestial quita el sufrimiento del mundo un día, todos podrán olvidarlo todos los días.

Cuando Jesús dijo: *Venid a mí todos los que estáis trabajados y cargados, yo os haré descansar*, una gran multitud se le acercó para disfrutar de sus bendiciones. Pero el Maestro añadió:

Llevad mi yugo sobre vosotros, y aprended de mí, que soy manso y humilde de corazón, y hallaréis descanso para vuestras almas, porque mi yugo es fácil y ligera mi carga. Jesús (Mateo, 11:28 al 30).

Por mucho que entonces, en la actualidad, las criaturas recuerdan a Dios solo cuando surge el sufrimiento. Entonces la gente se vuelve religiosa y se busca con más frecuencia el camino a las iglesias, templos y hasta casas espíritas.

Ante las adversidades de la vida, responden a la llamada de Cristo. Lo buscan por todos los medios para hacer sus necesidades. ¡Incluso a través de promesas! Sí, Jesús está llamando, ¿y por qué no responderle?

Sin embargo, el complemento de *Venid a mí* es tan claro como la llamada de Jesús: *Aprended de mí que soy manso y humilde de corazón y encontraréis descanso para vuestras almas.*

En cuanto a la necesidad de aprender de Jesús, la criatura terrenal se sirve de la enseñanza del Maestro:

Quiero misericordia y no sacrificio, pero transformado en una parodia grotesca:

Descanso quiero y no sacrificio.

¿Cuándo las criaturas del mundo saldrán de la complacencia, de la inercia improductiva para buscar al Padre Amoroso por los caminos del amor?

CAPÍTULO 15
La hospitalización

Morgana buscó eficientemente al Dr. Felipe y en cuarenta minutos estaba de regreso con el médico en la casa de Ulhoa. Felipe examinó detenidamente al anciano sudoroso y febril y dijo que no le cabía duda: Juan Pablo había contraído la viruela.

Con el corazón acelerado, anticipando una triste e insoportable separación, Geraldine se encontró con las manos atadas por su gran apego filial. No sabía qué hacer. Felipe, como buen observador y haciendo uso de sus conocimientos médicos, le aconsejó que enviara a su padre a la isla Santa Clara, porque allí en casa todo sería más difícil.

Las decisiones de esta magnitud no se toman en un abrir y cerrar de ojos, pero la situación era crítica y no había término medio: había que decidirlo rápido. Pablo, aun somnoliento y febril, notó la vacilación de su hija y preguntó:

– Por favor Geraldine, quiero ir al lazareto. Existe el lugar adecuado para los portadores de enfermedades contagiosas.

– Papá, eso está fuera de discusión. Nunca permitiré que estés solo.

Morgana, que recostada en un rincón de la habitación escuchaba todo en silencio, se excusó y dijo:

– Voy con él, señorita Geraldine. Después de todo, me pagan por ello.

- Ése no es el problema, ángel mío, objetó Geraldine, ahora es diferente. Todavía eres joven y saludable. Permitir tales tonterías sería imprudente. Tu contagio de viruela sería inevitable.

El miembro de la facultad que solo observó la conversación entre el patrón y la empleada doméstica sin expresar una opinión, ya que sería un abuso de su parte si interfiriera, cuando la niña le preguntó sobre la posibilidad planteada por el patrón, respondió:

- Morgana, tu ama tiene razón. Verás, el cuadro clínico de las víctimas de la viruela y el interior de un lazareto presentan imágenes demasiado impactantes para cualquiera, más aun para ti, que me pareces sensible. Su estructura emocional se estremecería al ver escenas y más escenas horribles en ese lugar. En cuanto al peligro de contagio, no lo hay, ya que la viruela es una enfermedad esencialmente masculina, no afecta a las mujeres.

- Pero, ¿y si decido quedarme con el Sr. Juan Pablo, ¿no habría restricciones por parte de los encargados del lazareto?

- No lo creo - aclaró Felipe. Bastará con que el responsable clínico dé su autorización.

- Así que está decidido. Seguiré acompañando al Sr. Juan Pablo.

El pobre anciano que, un poco desquiciado, seguía el diálogo sobre su salida de aquella casa, hizo una seña con las manos y, ante el silencio que se había establecido, habló:

- Te amo Morgana, pero sería sacrificarte por nada. No duraré mucho. Morgana pareció seguir una voz interior y fue inflexible:

- Aun así, si existe tal posibilidad, quiero acompañarlo.

✳ ✳ ✳

Ante la insistencia de la niña, Geraldine accedió y solicitó que el Dr. Felipe se hiciera cargo de la hospitalización de su padre y de la autorización para que Morgana lo acompañara.

Ese mismo día, luego del almuerzo, el lazareto de la Isla de Santa Clara recibió la presencia de dos más hijos de Dios. Uno por el tratamiento de la viruela y el otro, obedeciendo los dictados de la Ley de Dios, aunque sin saberlo, iba camino de un reencuentro marcado en un pasado lejano.

Morgana se quedó atónita al ver tanto sufrimiento. Los internos de esa institución eran más como una horda de guerrilleros que, al huir de un combate, se aventuraban en una carrera salvaje entre carroñeros infestados de espinas y ramas secas.

Enormes heridas por todo el cuerpo, y sobre todo en la cara, que causan una impresión horrible.

Pero cuando el altruismo mueve los corazones de las personas hacia el amor sin mancha, siempre habrá dulces recompensas. El médico y director de esa enfermería era un joven de unos 27 años de extrema bondad. Tan pronto como los ojos del Dr. Los caminos de Juan Martín y Morgana se cruzaron, parece que una fuerza desconocida había detenido las manecillas del reloj. Las horas, minutos y segundos se han vuelto atemporales, para convertirse simplemente en fragmentos de eternidad.

Cuando Martín firmó la autorización para el ingreso de un acompañante, le resultó algo inusual que alguien aun en su florida juventud quisiera acompañar a un enfermo, más aun sin pertenecer a la familia. Absorto y con tantas preguntas inquietando su cabeza, no podía entender por qué una niña tan hermosa estaba allí, al lado de un anciano, pero por otro lado, tenía que agradecer al destino la oportunidad de tener la presencia de ese ángel allí.

El director de ese refugio para la variola, con el fin de minimizar el asombro de Morgana ante esa situación atroz, trató de hablar con ella, indicándole que siempre mantuviera su distancia con los demás pacientes, porque cualquier persona emocional podría meterse en problemas angustiosos en el medio ante tantas anomalías.

Juan Martín se había convertido en médico hacía apenas unos años, pero traía un bagaje de conocimientos excepcionales y conocía muy bien el efecto de la viruela, pues ya había sido contaminado por ella.

Y explicando, dijo:

– No les advierto sobre el problema de la contaminación, pues la viruela no afecta a los seres femeninos, pero temo que seas acosada por alguna persona maliciosa y sin escrúpulos. También te aconsejo que no te fijes demasiado en las horribles marcas que causa la viruela. Lo que ven nuestros ojos es al menos posible de tratar de curar, pero cualquier enfermedad que afecte a nuestra mente, será difícil diagnosticar la causa y superar sus efectos. Desgraciadamente, la viruela deja secuelas que, comúnmente, acompañan a los portadores incluso después de la extinción de la enfermedad, es decir, de la curación.

Mientras Martin la instruía, uno de los pacientes gritó fuerte y exasperado:

– Oiga, doctor, ¿está aquí para aliviar nuestro dolor o para conversar?

Tranquilo, Ramiro, ya te medicaron y te están cuidando como a los demás. La impaciencia es un factor agravante de tu enfermedad, contrólate.

Al escuchar al médico llamar a ese hombre Ramiro, la acompañante de Juan Pablo sintió que un escalofrío le recorría la columna, llevándose un tremendo susto.

Desde ese momento, disfrazándose para que nadie se diera cuenta, comenzó a analizar el rostro de aquel hombre descortés e impaciente.

Minutos después ya no tuvo más dudas: ese hombre era Ramiro Álvarez transformado en un trapo humano.

✳ ✳ ✳

Morgana, como siempre hacía en la mansión de Ulhoa, fue a sentarse junto a la cama de su jefe y amigo, y cuando Juan Pablo despertó de un sueño ligero, comenzó a hablarle:

– ¿Se siente mejor, Sr. ¿Juan?

– Yo soy, Morgana. No te preocupes por mí, hija, estoy bien. Al lado de un ángel que no teme contaminarse, ni se avergüenza ante las deformidades y males humanos, cualquiera sería injusto si dijera que no está bien.

– Descanse tranquilo, Sr. Juan. A las mujeres no les da viruela, pero aunque eso fuera posible, no me importaría, porque es muy lindo estar a tu lado.

Juan Pablo en su sueño ligero no dejó de registrar los gritos de Ramiro Alvarez, y le preguntó a Morgana:

– Hija mía, ¿qué pasó para que ese rudo gritara así?

– Ese patán nunca tuvo compostura en su vida, Sr. Juan. Tal vez piensas que eres el dueño del mundo. El medico Martin le estaba dando algunas direcciones cuando ese joven interrumpió nuestra conversación.

– ¡Vaya, Morgana! Nunca te había visto expresarte así. ¿Estás bien?

– Disculpe, Sr. Juan, pero tengo mis motivos para la exasperación.

– ¿Cómo así?

La joven, algo indecisa, no supo cómo proceder. Si debía o no decirle que ese paciente mal comportado era la misma persona que una vez quiso abusar de su inocencia.

Pensó por un momento y luego dijo entre lágrimas:

– Usted sabe, Sr. Juan, ese señor es dueño de la finca donde vivíamos.

Es el desgraciado que un día intentó agarrarme y dos días después echó a mis padres de la finca San Isidro.

– ¡Vaya, qué pequeño es nuestro mundo y qué grande es Dios, Morgana! – Filosofaba Juan Pablo.

Nuestro pequeño orbe en sus giros orbitales establece el día y la noche dentro de los cuales la criatura humana siembra lo que quiere, pero que, en los días y noches venideros, deberá cosechar lo que ha sembrado. Ramiro poseía tierras y más tierras, pero si sigue actuando así, en muy poco tiempo tendrá a su alrededor solo dos metros de largo y siete palmos de profundidad.

– Tienes razón. Solo quiero saber quién dirige San Isidro. Pobres habitantes de San Isidro si es Murilo, su hermano.

– Pero ¿por qué, Morgana?

– Porque es un hombre mal parecido, muy tonto y mezquino, aunque pertenece a la iglesia.

✳ ✳ ✳

La Isla Santa Clara, un pedazo de tierra rodeado por las aguas de la Bahía de La Concha, tenía algo en común con una colonia correccional. En ambos casos, como ocurre hasta el día de hoy, se intenta segregar criaturas que suponen un riesgo para la sociedad.

Sin embargo, es necesario agregar un complemento a esta afirmación: a una colonia correccional son enviados los que están sembrando el mal, y a un lazareto los que están cosechando el mal que practicaron en existencias pasadas.

Los pobres seres que llegaron al lazareto ya sufrían de dolores de cabeza, dolor en la espalda, fiebre alta, cansancio y un malestar tremendo. Estos fueron los síntomas presentados. Después de una semana más o menos, esta situación se calmó, pero las erupciones que venían a acecharlos comenzaron a aparecer.

Algunos de los internados en la Isla Santa Clara, los más fuertes físicamente, después de algún tiempo regresaron a sus hogares; sin embargo, la mayoría entregó su alma a Dios.

CAPÍTULO 16
El matrimonio

Juan Pablo estuvo internado poco más de dos meses en ese triste lugar lleno de sufrimiento. No aguantó más, porque su cuerpo estaba todo ulcerado por las ampollas purulentas que las drogas no podían curar ni aliviar sus dolencias.

Una triste mañana de agosto, el pobre anciano partió del triste mundo terrenal.

Desencarnó teniendo sus manos entre las de Morgana, demostrando que en el amor puro y desinteresado no hay censuras ni prejuicios. Como una hija servicial, después de exhalar su último aliento, con amor, con inmenso cariño, Morgana cerró los ojos, diciendo entre sollozos:

– Ve con Dios, amigo mío.

Juan Pablo salió tranquilo, como quien va de excursión anticipando los maravillosos paisajes de un mundo feliz donde no existen los contratiempos, ni los atroces egoísmos, y mucho menos el pavor del fenómeno conocido como muerte.

Empezó un viaje portando un pasaporte certificado por puro amor y en la expresión más exacta del término, que logró disfrutar junto a Morgana en los pocos meses que estuvieron juntos y que influyó decisivamente en su rumbo hacia una vida superior.

Por otro lado, el aporte de su experiencia de vida transmitida a Morgana fue beneficioso, pues fortaleció en el espíritu de su hija que las contingencias del pasado la separaron, para consolidarse en la compañía de Jean Pierre; es decir, Juan

Martín, los preparativos para la recuperación de Robert Reinaux o Ramiro Alvarez.

Morgana, triste, desconsolada, entre lágrimas amargas, aun sostenía entre las suyas las manos de Juan Pablo. Sintiendo que la frialdad de la muerte aumentaba a cada momento, colocó sus manos, que sostenía con cariño, sobre el pecho del recién fallecido y lloró amargamente.

Fue la despedida y la ruptura de los lazos lo que unió dos corazones que el amor fraterno había embellecido a lo largo de los siglos. El que había sido Maurice en su última existencia partía ahora hacia la colonia de la que procedía. Todavía permanecería en el mundo de los llamados vivos para continuar la misión para la que vino.

En una secuencia asombrosa, el fenómeno llamado muerte ha atrapado a una gran cantidad de personas desprevenidas que vestían pantalones cortos. Cuántos se amontonan, llenos de ilusión, sobre una situación que creen estable. Cuántos otros se aferran a sus pertenencias, pensando que les pertenecen indefinidamente, y ¡cuán grande es el número de los que creen disfrutar de la vida eterna aquí en la tierra!

¡Pobres seres! El tiempo de la transformación ha llegado para todos y aquellos que no han construido nada se encontrarán a la intemperie, así como el viajero que no ha llenado su lámpara con el combustible del amor tendrá que andar a tientas en la oscuridad. En cambio, cuántos desengaños, cuántos fracasos y cuántos sufrimientos evitan los que buscan el reino de Dios y su justicia. La mayoría; sin embargo, de los espíritus que descienden al mundo terrenal por medio de la reencarnación, viven tontamente, olvidando que nuestra estancia aquí en la Tierra tiene un objetivo definido: nuestra evolución espiritual.

Días vendrán; sin embargo, en que el espíritu dejará de ser, como afirma la gran mayoría, una invención de la Doctrina Espírita. Entonces, cuando, por la misericordia de Dios, sea posible fijarlos en un cliché fotográfico, esta humanidad, llena de prejuicios y de mezquinos intereses, creerá y, creyendo, muchos ojos se abrirán a la luz de la verdad. Y entonces nuestro mundo será mucho más feliz.

✳ ✳ ✳

Juan Martín, con cuidado, se acercó a la joven, palmeándole levemente el hombro. Morgana, con los ojos llenos de lágrimas, se levantó y mirando a Juan dijo:

– Ay, Juan, qué triste es estar separado de los que amamos. Es como despedirse de alguien en el muelle de un puerto, con la certeza de no volver a verlo.

– Tranquila, Morgana. Para las buenas personas, la muerte ya no es el final de todo. Pero sí, el comienzo de una nueva era.

El director de aquel aislamiento en la isla de Santa Clara no era precisamente un hombre religioso; sin embargo, haciendo sacerdocio la profesión que había escogido, tenía más religión en su interior que muchos religiosos.

Con la muerte de Juan Pablo, Morgana se fue de la casa de Ulhoa, no porque no la quisieran. Bueno, Geraldine la había invitado a trabajar en la mansión.

Ella; sin embargo, afirmó que sufriría demasiado en esa casa sin la presencia del buen anciano.

Por eso, aceptó la invitación de Juan Martín para trabajar en el lazareto de la isla Santa Clara para ayudarlo a cuidar a los que aun estaban en tratamiento y las nuevas oleadas que llegaban a diario.

Su altruismo, su bondadoso corazón coincidieron en que su presencia allí sería importante. Así que, sin dudarlo, accedió a cooperar con Martín en el socorro de todos los enfermos.

Morgana, tal vez intuida por lo invisible, le contó a Martín todo lo que había pasado en la finca San Isidro. Sería una forma de sentirse protegido ante cualquier descaro de Ramiro Álvarez. El médico Juan Martín la escuchó con atención y le pidió que descansara, que él la defendería.

Sin la presencia de Juan Pablo, Morgana comenzó a moverse por toda la sala, y aun de manera retraída, cuidaba a Ramiro con el mismo cuidado que daba a los demás.

Ramiro, por su parte, trató de escarbar en sus archivos mentales la imagen de Morgana, sin lograr; sin embargo, su objetivo.

Puede parecer extraño e incluso no totalmente aceptado, pero en el transcurso de la vida existen eventos que nos parecen familiares; algo así como escenas de una película que ya hemos visto. Nuestra mente, sin que nos demos cuenta, registra los movimientos más importantes.

Los que, de un modo u otro, influirán decisivamente en nuestros días futuros para indicarnos el blanco a colimar.

Eso es lo que estaba pasando con el viejo granjero: tenía frente a él a la antigua compañera de su esposa, pero debido a las tribulaciones que lo habían atormentado desde el día en que lo sacaron a rastras de su propia casa, no la reconoció de inmediato.

Una semana después, en esas noches en que la inquietud incesante ataca, quitando el sueño, Ramiro se dio la vuelta, se revolvió en la cama y no pudo dormir. La imagen de la nueva enfermera no podía salir de sus pensamientos. Aquel que nunca había sido de los que buscaban ayuda a través de la oración, aquella noche dirigió un angustioso llamado al amado Creador:

– Buen Señor, perdóname si solo te busco en esta hora de sufrimiento y dolor terrible. Ayúdame, Señor, a encontrar la paz. Hazme, en este sufrimiento, pagar un poco por mis errores. Castígame este dolor. ¡Esta picazón infernal molesta tanto!

Y por si fuera poco, Señor, la imagen de la nueva enfermera empezó a atormentarme día y noche. Ya no puedo dormir en paz. Dame fuerza, Señor Jesús, para que pueda entender lo que está pasando.

Después de la oración silenciosa dirigida al cielo, Ramiro se sintió más aliviado y logró dormir hasta que llegó la hora de tomar su medicina, cuando Morgana lo despertó, llamándolo por su nombre. Recibió las medicinas, las tomó y luego le dio las gracias, algo que nunca se acordó de hacer.

Morgana, al encontrar extraño el comportamiento del paciente, pensó:

– Oye, ¿qué pasa? ¡Ramiro nunca fue agradecido!

Ella, que tenía el hábito de la oración, ni se imaginaba que esa alma cansada también había orado esa noche.

En la tarde del mismo día, Ramiro aprovechó un momento en que la enfermera no atendía a nadie y la llamó cortésmente:

– Señorita, por favor. Lo siento por ser tan atrevido. Me parece que la conozco de alguna parte.

Morgana, que había guardado muchas enseñanzas cuando acompañaba a Juan Pablo a la iglesia, recordó lo que escuchó el último día que estuvo con él en misa:

Reconcíliate rápidamente con tu oponente mientras estás en el camino con él. Jesús, (Mateo, 5:25).

Pensando firmemente en Jesús fijó en su mente la presencia agradecida de Juan Pablo enmarcada en un halo de luz, sonrió a Ramiro y dijo:

– Usted me conoce, Sr. Ramiro. Soy Morgana, ex acompañante de doña Hortência.

En ese momento, el pobre enfermo se echó a llorar, mientras ella, pasando sus manos bondadosas por su cabello despeinado, continuaba:

– Descansa tranquilo, amigo. No es bueno recordar las cosas tristes del pasado.

Eso solo nos traería más sufrimiento. Miremos hacia adelante. En un lugar hermoso y radiante, Cristo nos espera.

– Sí, sí, Morgana. Él nos espera. Es una pena que me tomó tanto tiempo entender eso.

– Descanse tranquilo, Sr. Ramiro. Lo importante es que ya hemos aceptado esta verdad. Ore siempre y ahora trate de descansar.

– Solo una cosa más, Morgana. ¿Me perdonarás por el acto vergonzoso de esa noche?

– ¡Descansa tranquilo, amigo mío! Lo perdoné hace mucho tiempo.

– Muchas gracias, Morgana. ¡Que dios te bendiga siempre!

✳ ✳ ✳

Aquellos días oscuros, especialmente para los excluidos de la sociedad a causa de esa enfermedad contagiosa, continuaron su trayectoria en la estela posterior del tiempo. Juan Martín y Morgana, como si estuvieran imantados el uno al otro, comenzaron con pequeños coqueteos y luego se enamoraron. Los impulsos de ese amor que los llevó a soñar con un mundo de paz y dicha no fueron experimentados en el pasado y por eso mismo resurgió con la dulce promesa de una experiencia feliz.

A los pocos meses, con la aquiescencia de Anselmo y Gregoria, la pareja se reunió en el altar de la iglesia de San Vicente. Morgana, con su traje de novia, con su larga cabellera adornada con flores, lucía más como un ser angelical, llenando de dulces emociones a los invitados con su contagiosa sonrisa.

Sustituidos en sus puestos por los enfermos de la isla de Santa Clara, los recién casados, en una aventura sin igual, partieron a Francia no muy lejos de San Sebastián. Continuaron en la certeza que el cielo estaba siendo muy bondadoso y magnánimo con ellos, ya que ambos siempre habían soñado con visitar el país vecino.

Dos semanas más tarde estaban de regreso y un lunes comenzaron de nuevo sus tareas diarias. Era necesario continuar en sus tareas, porque tantos seres cansados y sufrientes necesitaban de su corazón generoso y de sus manos amigas.

CAPÍTULO 17
Misión cumplida

Mientras Martín y Morgana estaban en Francia de luna de miel, Ramiro Álvarez se impacientó. Parecía estar relacionado de alguna manera con el Dr. Martín y Morgana, y aunque los suplentes lo trataron con agrado, anhelaba su llegada.

A pesar de la inquietud que lo dominaba por completo, guardaba en su interior, ya modificados, nuevos pensamientos y en cierto modo se había hecho paciente, mientras rezaba mentalmente a Dios para que la joven pareja fuera feliz y regresara pronto.

El hombre, una vez orgulloso, malhumorado y hasta cierto punto agresivo, ahora se había ablandado como un manso corderito. La viruela, que después de su fase crítica atormenta y castiga duramente a quienes la padecen con un picor insólito, acosaba a Ramiro con un picor violento. Aun así, las actitudes del ex agricultor se entremezclaron con momentos de calma o desesperación.

¡Ay del ser que durante mucho tiempo se ha mantenido alejado del aura de los mensajeros celestiales y ha entrado en el camino del error!

Ramiro Álvarez, en Francia, hace aproximadamente un siglo y medio, dejó de vivir la religión de Cristo para abrazar una causa ignominiosa de la que ahora debía cosechar amargos frutos.

Por esta razón, sus ojos estaban constantemente húmedos con lágrimas punzantes.

Él, que en el pasado, además de no pagarle a Honoré lo pactado, lo mató sin piedad, ahora respiraba la nauseabunda atmósfera de un lazareto y vivía constantemente bajo el influjo de las abundantes lágrimas que Suzane le había hecho derramar. Increíblemente, se vio atacado por dos tipos de picores: en uno tuvo que soportar el sabor amargo de la angustia y añoranza por la ausencia de Morgana, quien, aun sabiendo que era de otra persona y estaba distante, lo molestaba día y noche. noche. El otro tipo solo afectaba su cuerpo y era un picor inusual.

El desgraciado vivía en el desorden.

Mientras estaba despierto, Ramiro, fantaseando, imaginó ver a Morgana caminando entre flores en el paraíso y en esos momentos, abundantes lágrimas brotaron de sus ojos cansados. Desafortunadamente, sin nadie que lo guiara, a menudo se limpiaba las lágrimas con las manos después de rascarse, y la viruela le afectaba los ojos.

Cuando Juan Martín y Morgana regresaron de Francia, encontraron a Ramiro completamente ciego, pues la ingrata enfermedad había afectado irreversiblemente su visión.

Tan pronto como Martin retomó su cargo como médico responsable de esa unidad hospitalaria, fue informado sobre la ceguera del antiguo empleador de Morgana. Lamentando el triste incidente, se acercó a su esposa y le confió:

– Cariño, tengo algo bastante triste que decirte.

– Habla rápido, cariño, no me angusties. Y algo relacionado con mi padre... ¿un accidente de trabajo?

– Tranquilízate mi amor, todo está bien en nuestra familia, gracias a Dios. La mala noticia es sobre Ramiro.

– Pero, ¿qué pasó con Ramiro? Todavía no pude ir a saludarlo.

– Está ciego. Debe haberse limpiado los ojos después de rascarse. La viruela lo cegó.

✳ ✳ ✳

La pequeña isla de Santa Clara, suavemente acariciada por las aguas marinas, podría ser un lugar de veraneo, de descanso y refrigerio, o bien, un punto de atracción para jóvenes enamorados. Sin embargo, según Eclesiastés, la felicidad no es de este mundo, por lo que aquel triste refugio estaba destinado a la corrección de atroces crímenes cometidos en otras épocas.

La de Ramiro Álvarez no fue diferente. Fue un caso entre muchos que mantuvo a sus cautivos allí para purificarse bajo los estigmas de la viruela. Junto a tantos espíritus endeudados, la mayoría exterminadores de hugonotes, purgó los crímenes cometidos en una época en que la falsa religión estaba al servicio de intereses mezquinos y egoístas.

Ciego, abandonado, privado de recursos, Ramiro fue otro ser que el sufrimiento obligó a doblar el cuello, para poder algún día sintonizar con las Leyes del Creador.

Cuando dicen que la sombra del miedo ejerce una terrible presión sobre las criaturas, ¡no saben cuán cierta es esa expresión!

En términos comparativos, se puede decir que la dualidad, cuerpo y espíritu, es como la cámara y la película. El cuerpo tosco, al encuadrarse en el foco de la cámara, obedeciendo a la voluntad del fotógrafo, capta y forma en el espíritu trazos luminosos u oscuros según el deseo y estado emocional de quien fotografía. Por lo tanto, las imágenes suaves y bien delineadas o las fotos deformes y desenfocadas dependen del estado mental o espiritual del dueño de la cámara.

Así, encontramos en poder de los seres humanos álbumes fotográficos de diversas especies. Álbumes que son archivos vivos de cambios en la naturaleza a lo largo del tiempo. Hoy, lamentablemente, de destrucción. Álbumes que presentan escenas de los horrores de la guerra que muestran destrucción y ruinas. Pero también los hay que muestran la felicidad a través de la sonrisa que registran los flashes fotográficos de familias felices.

También álbumes, que posteriormente registran los logros que el progreso humano ha conocido en muchas partes del globo.

Quién sabe, tal vez algún día existan cámaras que registren el estado emocional de los seres humanos en momentos de frenesí y, al igual que las radiografías, que captan e indican el lugar de la enfermedad, puedan diagnosticar el punto enfermo de todo aquel que se encuentre en desacuerdo con la Ley del Amor enseñada por Nuestro Señor Jesucristo.

Que el metraje a plasmar en la pantalla mnemotécnica de las criaturas del mundo, presente en el futuro más amenidades y escenas menos grotescas.

El infortunado ciego a través de los servicios e influencias de Juan Martín sondeó la posibilidad de volver a la finca, pero Murilo, su hermano, la había vendido a San Isidro, temiendo que Ramiro pudiera salir ileso de la batalla contra la viruela y se trasladó a un lugar desconocido.

Murilo, a pesar de ser un ilustrado, tenía cierto miedo en el alma y una gran antipatía por su hermano. Como el utensilio de hierro que sufrió durante mucho tiempo los efectos corrosivos a los que fue expuesto, Murilo cargaba dentro de sí una inseguridad morbosa por la triste experiencia que vivió como Honoré. Hizo un favor a Robert Reinaux y no recibió nada. Antes de eso, su cuerpo regordete fue acribillado a balazos.

Así, sin tener un hogar al que volver, sin tener suficientes recursos para albergarse en algún lugar, tuvo que esperar su triste final entre sus compañeros de desdicha allá en la isla de Santa Clara.

Al ser notificado por su esposo que Ramiro había perdido la vista, Morgana tratando de ayudarlo, lo buscó sin demora. Se acercó a él y lo saludó respetuosamente:

– Buenos días Sr. Ramiro, ¿te sientes mejor?

– ¿Morgana? Entonces has regresado? ¡Qué bien! Quién sabe, con el regreso del Dr. Martín pueda recuperar la vista.

– Bueno, Sr. Ramiro, me enteré de tu problema en los ojos. No te desesperes, Juan está atendiendo a unos enfermos que llegaron hoy, y pronto vendrá a verte. Ten la seguridad que hará lo mejor que pueda por ti.

Momentos después, tanto los recién llegados como los pacientes mayores se sobresaltaron con los gritos de desesperación de Ramiro Álvarez cuando supo que su ceguera era permanente, irreversible. Pasaría el resto de sus días en total oscuridad sin poder ver a nadie, ni siquiera admirar la figura aureolada y las hermosas sonrisas de Morgana.

Como sabemos, Dios obra en el mundo a través de las manos de las personas de buena voluntad.

Cuando Morgana vio a su antiguo jefe desesperado al extremo, creando un ambiente de angustia dentro de la amplia enfermería, se acercó a él, tratando de llevarlo a reequilibrarse. No fue fácil. La tarea de promover el equilibrio de una persona que ha llegado al colmo de la desesperación requiere más del propio necesitado que de la persuasión del asistente. Es necesario que los desesperados quieran recibir ayuda.

Así que Morgana respiró hondo, pensó en Dios y comenzó:

– Señor Ramiro, por Dios, cálmate. Su desesperación complicará aun más su situación. Confía en Dios, porque Él no nos desampara. Noté en su rostro, en sus brazos, que había una curación asombrosa mientras Juan y yo estábamos fuera. Estoy seguro que la picazón también desaparecerá pronto. Trata de mantener la calma, de lo contrario, el proceso de curación puede ralentizarse e incluso retroceder.

– Es difícil mantener la calma cuando has perdido todo en tu vida, querida.

Perdí a mi esposa, la finca, perdí todas mis posesiones, y hasta el lazo familiar que debió ser indestructible. Mi hermano se ha convertido en un especulador, un ladrón persistente. Mi hermana se casó con un sinvergüenza y nunca volvió a mí. El camino es contentarme con mi triste destino: morirme de hambre... olvidado y despreciado por todos.

– Cálmate, Sr. Ramiro tampoco es así. Dios no se olvida de ninguno de sus hijos.

No somos nadie, pero entre los hijos de Dios, aquí estamos, Juan y yo, para ayudarte.

– Pero no es lo mismo, Morgana. Por la noche te irás y yo tendré que quedarme aquí en este lugar nauseabundo y apestoso. Creo que mi hora se acerca y con la llegada de la muerte pasaré a la clandestinidad. Del despreciable y sin valor que soy hoy, solo quedarán las notas en la historia clínica de un desgraciado enfermo.

– No digas eso, amigo. Te estás olvidando de Dios.

– Al contrario, Morgana, hace unos meses adopté el sagrado hábito de la oración.

Me iré casi feliz. Realmente no lo estoy, porque no puedo satisfacer mi último deseo...

– ¿Y cuál sería ese último deseo?

– Si pudiera volver a San Isidro y recuperarlo, aunque fuera parte de mi fortuna, pagaría un peso de oro a algún artista para que escribiera en mi tumba las siguientes palabras: Aquí yace alguien que lo tuvo todo en la vida, pero actuar se precipitó ciegamente en un abismo!

Era necesaria la ceguera física para que este desdichado viera el alcance de sus errores. Hoy, con una visión renovada, libre de la vasija física, ese alguien anhela partir el aire en busca de una nueva y más feliz morada. ¡Que el Señor Celestial tenga misericordia de mi alma!

✳ ✳ ✳

Una semana después del conmovedor arrebato, el pobre ciego se despidió del mundo terrenal y, aunque no prometieron nada, la pareja Juan y Morgana respondieron fielmente a su pedido: hicieron hacer la placa escrita, según su deseo, y la colgaron. en la cruz plantada sobre su tumba. La bendita tierra española, la cuna que una vez acogió aquel cuerpo, lo reivindicó y lo acogió de nuevo en su seno.

El matrimonio Juan Martín y Morgana, después de muchas décadas de incansable cuidado de tantos enfermos, cumplió brillantemente la misión que el plano espiritual les había encomendado: Juan, a los 78 años, sintiéndose debilitado y enfermo, abandonó su actividad como médico, y por lo que Morgana también dejó de trabajar para solo cuidar a su querido paciente. Un año después, cuando la naturaleza daba las primeras pinceladas y comenzaba a pintar campos y valles con magníficos colores, llenando el ambiente de embriagadores perfumes, Juan Martín con los ojos llorosos, se despidió con cariño de su amada y fue recibido por las Falanges de la Luz., siendo llevado a un mundo donde el mal no tiene cabida.

Llorosa Morgana, pero siempre confiada en la bondad de Dios, empezó a colaborar en una entidad de asistencia a niños abandonados, mezcla de orfanato y guardería de la actualidad. Dos años más tarde, a los 71, también ella se despidió del mundo terrenal, siendo recibida por su esposo quien, en un estremecimiento contagioso, la envolvió en sus brazos amorosos. Atrapados y seguidos por una legión de seres iluminados, ¡partieron hacia el mundo de los buenos, aventureros!

La reencarnación de Suzane, Jean Pierre y Robert Reinaux que, gracias a la bondad del Señor de los Mundos, continuó a través de la indumentaria física de Morgana, Juan Martín y Ramiro Alvarez, estuvo marcada por jugadas que demostraron la fragilidad del ser humano cuando aun unido a la carne y, no podía ser de otra manera, porque el aprendizaje básico del espíritu inmortal se realizará siempre en contacto con el polvo del mundo. Las manchas que permitimos que marquen nuestro vehículo físico aquí en el mundo, se vuelven más fáciles de desechar en ese mismo mundo. Esta es la Ley de las Vidas Sucesivas.

Las tres almas en realidad tuvieron que enfrentar los problemas que afectan a todos los seres que descienden a la Tierra;

sin embargo, sobre todo Morgana y Juan Martín, supieron superarlos sin meterse en problemas. Ramiro, a pesar de haber realizado en el pasado una actividad religiosa bajo las vestiduras de la Iglesia, traía consigo un bagaje bastante negativo; después de perder todas las posesiones materiales y quedar ciego, con la ayuda de Morgana y Juan Martín, sus ojos espirituales se abrieron a la necesidad más apremiante de la vida: el amor.

✳ ✳ ✳

Así, de manera sencilla pero objetiva, tratamos de transmitir al querido lector la certeza que ninguno de los hijos de Dios se pierde para siempre, porque Jesucristo prometió: de las ovejas que mi Padre me encomendó, ninguna se perderá.

Tenemos que creer que esto es así, de lo contrario tendríamos que admitir a Dios como un Padre que no se preocupa por sus hijos, que los deja a su suerte.

¡El Padre del amor y la bondad siempre extiende sus manos de otorgamiento sobre aquellos que buscan la verdadera felicidad a través de los caminos del amor!

¡QUE JESÚS NOS BENDIGA!

<u>**Grandes Éxitos de Zibia Gasparetto**</u>

Con más de 20 millones de títulos vendidos, la autora ha contribuido para el fortalecimiento de la literatura espiritualista en el mercado editorial y para la popularización de la espiritualidad. Conozca más éxitos de la escritora.

<u>**Romances Dictados por el Espíritu Lucius**</u>

La Fuerza de la Vida

La Verdad de cada uno

La vida sabe lo que hace

Ella confió en la vida

Entre el Amor y la Guerra

Esmeralda

Espinas del Tiempo

Lazos Eternos

Nada es por Casualidad

Nadie es de Nadie

El Abogado de Dios

El Mañana a Dios pertenece

El Amor Venció

Encuentro Inesperado

Al borde del destino

El Astuto

El Morro de las Ilusiones

¿Dónde está Teresa?

Por las puertas del Corazón

Cuando la Vida escoge

Cuando llega la Hora

Cuando es necesario volver

Abriéndose para la Vida

Sin miedo de vivir

Solo el amor lo consigue

Todos Somos Inocentes

Todo tiene su precio

Todo valió la pena

Un amor de verdad

Venciendo el pasado

<u>Otros éxitos de André Luiz Ruiz y Lucius</u>

Trilogía El Amor Jamás te Olvida

La Fuerza de la Bondad

Bajo las Manos de la Misericordia

Despidiéndose de la Tierra

Al Final de la Última Hora

Esculpiendo su Destino

Hay Flores sobre las Piedras

Los Peñascos son de Arena

**Libros de Vera Lúcia Marinzeck de Carvalho
y Patricia**

Violetas en la Ventana
Viviendo en el Mundo de los espíritus
La Casa del Escritor
El Vuelo de la Gaviota
**Vera Lúcia Marinzeck de Carvalho
y Antônio Carlos**
Amad a los Enemigos
Esclavo Bernardino
la Roca de los Amantes
Rosa, la tercera víctima fatal
Cautivos y Libertos
¡Valió la pena!

Otros Títulos de Sandra Carneiro y LUCIUS

Exiliados por Amor
Jornada de los Ángeles
Renacer de la Esperanza
Déja vu
Conexión Galilea
Listos para Mejorar
Salomé
Todas las Flores que yo gané
Libros de Eliana Machado Coelho y Schellida
Corazones sin Destino

El Brillo de la Verdad

El Derecho de Ser Feliz

El Retorno

En el Silencio de las Pasiones

Fuerza para Recomenzar

La Certeza de la Victoria

La Conquista de la Paz

Lecciones que la Vida Ofrece

Más Fuerte que Nunca

Sin Reglas para Amar

Un Diario en el Tiempo

Un Motivo para Vivir

¡Eliana Machado Coelho y Schellida, Romances que cautivan,
enseñan, conmueven y
pueden cambiar tu vida!

Romances de Arandi Gomes Texeira y el Conde J.W. Rochester

Libros de Vera Kryzhanovskaia y JW Rochester

La Venganza del Judío

La Monja de los Casamientos

La Hija del Hechicero

La Flor del Pantano

La Ira Divina

La Leyenda del Castillo de Montignoso

La Muerte del Planeta

La Noche de San Bartolomé

La Venganza del Judío

Bienaventurados los pobres de espíritu

Cobra Capela

Dolores

Trilogía del Reino de las Sombras

De los Cielos a la Tierra

Episodios de la Vida de Tiberius

Hechizo Infernal

Herculanum

En la Frontera

Naema, la Bruja

En el Castillo de Escocia (Trilogía 2)

Nueva Era

El Elixir de la larga vida

El Faraón Mernephtah

Los Legisladores

Los Magos

El Terrible Fantasma

El Paraíso sin Adán

Romance de una Reina

Luminarias Checas

Narraciones Ocultas

La Monja de los Casamientos

Libros de Elisa Masselli

Siempre existe una razón

Nada queda sin respuesta

La vida está hecha de decisiones

La Misión de cada uno

Es necesario algo más

El Pasado no importa

El Destino en sus manos

Dios estaba con él

Cuando el pasado no pasa

Apenas comenzando

<u>**Libros de Mónica de Castro y Leonel**</u>

A Pesar de Todo

Con el Amor no se Juega

De Frente con la Verdad

De Todo mi Ser

Deseo

El Precio de Ser Diferente

Gemelas

Giselle, La Amante del Inquisidor

Greta

Hasta que la Vida los Separe

Impulsos del Corazón

Jurema de la Selva

La Actriz

La Fuerza del Destino

Recuerdos que el Viento Trae

Secretos del Alma

Sintiendo en la Propia Piel

www.ingramcontent.com/pod-product-compliance
Lightning Source LLC
Chambersburg PA
CBHW022145150726
47992CB00002B/767